Push-up-Cakepops

Mit neuen Ideen für Pops & Drops

Sandra Müller

impressum & danksagung

impressum

ISBN 978-3-7750-0642-2

© 2013, Walter Hädecke Verlag,
Weil der Stadt
www.haedecke-verlag.de

4 3 2 1 | 2016 2015 2014 2013

Lektorat: Monika Graff
Konzeption, Fotos und Gestaltung:
Sandra Müller
Rezepte: Rita & Sandra Müller

Printed in EU 2013

danksagung

Vielen Dank Euch allen, die ihr uns auch
schon bei unserem ersten Buch unterstützt
habt und dies weiterhin tut.
Wir danken für so viel positives Feedback
und die schönen Kommentare, die uns
immer große Freude bereiten und uns zu
diesem zweiten Band animiert haben.

sandra & rita müller

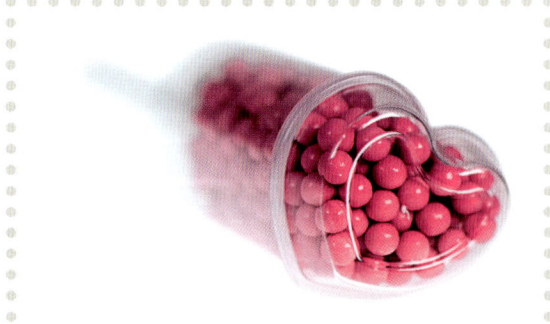

inhaltsverzeichnis

backtrends stellen sich vor

cakepops sind Kuchenlollis oder Minikuchen am Stiel. Dazu wird Kuchen aus Rührteig zerbröselt, mit Buttercreme (Frosting), Frischkäse oder Gelee vermengt und mit Aroma verfeinert. Dieser wird zu einer Kugel oder nach einem Motiv geformt, aufgespießt, in Glasur getaucht und fantasievoll dekoriert.

cakeballs sind verzierte Kuchenkugeln, anders geagt: Cakepops ohne Stiel. In unserem Buch „Verrückt nach Cakepops" sind dazu einige Rezeptideen aufgeführt.

cakedrops sind Kuchenbonbons, die kleiner sind als Cakeballs. Sie können mit einem Biss vernascht werden. Anders als bei Cakepops, die vorallem über ihre Optik wirken, spielen Cakedrops mit unterschiedlichen Aromen und Überraschungseffekten in ihrem Inneren.

push-up-cakepops sind kleine Schicht-Törtchen in einer entsprechenden Kunststoff-Form. Zwischen Biskuit kommen wahlweise Creme, Sahne, Frosting und Früchte. Das Törtchen wird mithilfe des Förmchenstiels nach oben geschoben und dann genussvoll verzehrt.

cupcakes sind cremegekrönte Minikuchen. Der Rührteig wird hierfür in einer Cupcakeform gebacken. Durch ihre Haube aus Buttercreme (Frosting) sehen sie zum Reinbeißen aus.

Sie haben wirklich Suchtcharakter, diese Cake-pops. Wer einmal damit begonnen hat, die leckeren Kuchenlollis herzustellen und zu verzieren, kann meist die Finger nicht mehr davon lassen. Es ist einfach unglaublich, wie kreativ Backen damit sein kann.

In unserem aktuellen Buch stellen wir weitere witzige **Cakepops** vor und geben Dekotipps, um die süßen Kuchenlollies noch besser in Szene zu setzen.

Während nächtlicher Arbeit zwischen Back-ofen, Arbeitsplatte und Wasserbad kam uns die Idee, die Zuckerstreusel auf den Cake-pops gegen Geschmack zu tauschen, den Kugeln den Stiel zu entziehen und alles klei-ner und feiner zu machen.
Dabei sind wir unserem Motto „backe, backe, Kugeln" treu geblieben – und so sind sie entstanden: **Cakedrops,** kleine Kuchen-bonbons. Jedes davon ist eine Geschmacks-explosion, lecker kombiniert und liebevoll verziert, teilweise gefüllt und umhüllt. Kleiner geht „Kuchen" nun wirklich nicht!

Push-up-Cakepops: Sie fragen sich jetzt bestimmt, was BHs in der Backstube zu suchen haben. „To push up" bedeutet einfach nur hinaufschieben. Und ist das nicht bei Beidem gewollt?

Es handelt sich hierbei um eine Art Schicht-törtchen in einer Push-up-Kunststoff-Form, die kreativ befüllt wird. Durch einen Deckel ist ihr Inhalt vor Angreifern wie Mücken oder Bie-nen geschützt. Dadurch eignen sie sich auch hervorragend als Dessert im Freien.

Schmeißen Sie sich also in Ihr Backoutfit, pudern Sie sich mit Mehl und legen Sie los! Dann liegen Sie voll im Trend.

sandra & rita müller

herstellung bild für bild

1

2

3

4

5

6

7

8

9

10

11

12

abkürzungen & maße
EL = Esslöffel   TL = Teelöffel
gestr. = gestrichen   Msp = Messerspitze

herstellung schritt für schritt

bilder 1 bis 3
Aus dem ausgekühlten Biskuit (Grundrezepte auf den folgenden Seiten) mit einem runden Ausstecher (ca. 4cm Durchmesser) Kreise austechen.

tipp: plätzchen immer ganz eng ausstechen, um den ausschuss so gering wie möglich zu halten.

bild 4
Ausgestochenen Biskuit beiseite stellen. Falls dieser nicht sofort weiterverarbeitet wird, bitte in Alufolie einpacken, da er sonst sehr schnell trocken wird.

bild 5
Benötigtes Zubehör bereitlegen.

tipp: um die push-up-formen zu füllen, sollten diese gerade stehen und sicher in einer lochplatte (dekohilfe) platziert werden. styropor eignet sich dabei nur bedingt, da die push-up-formen leicht kippen können. es gibt mittlerweile auch displays und dekohilfen aus pappe, die hier sicheren Halt gewährleisten.

bild 6
Restlichen Biskuit zerbröseln und zu Cakepops verarbeiten. Die Biskuitbrösel bei Bedarf mit Rührkuchenkrümeln mischen.

bild 7
Zum Montieren der Push-up-Form den Stiel zuerst in die Bodenplatte stecken.

bild 8
Diese dann von oben in die Push-up-Hülle stecken und nach unten schieben.

tipp: von einer zusätzlichen bodenplatte den seitlichen rand entfernen und die platte auf einen weiteren stiel stecken. das ergibt ein perfektes werkzeug, um beim befüllen der push-up-formen die schichten von oben nach unten zu schieben (siehe seite 43).

bild 9
Die Push-up-Formen in einem Display, einer Dekohilfe oder in einem Glas platzieren, sodass sie gerade stehen und befüllt werden können. Dabei immer mit einem Biskuit- oder Kuchenplätzchen beginnen.

bild 10
Dann mithilfe eines Spritzbeutels je nach Geschmack und Kreation wahlweise Creme, Sahne usw. über den Biskuit spritzen.

bilder 11 & 12
Weitere Schichten aus Früchten, Nüssen und wieder Kuchen sowie Creme in die Formen füllen und fertig sind die „Törtchen to go".

tipp: push-up-cakepops können auch mit fertigen zutaten wie kuchen, keksen, eis, früchten, quark, müsli oder was sonst passend und vorrätig ist gefüllt werden.

Pck = Päckchen	°C = Grad Celsius	ml = Milliliter
cm = Zentimeter	mm = Millimeter	l = Liter
g = Gramm		

biskuitrezepte

rezept für ca. 50 runde plätzchen
(ausstecher mit einem durchmesser von 4 cm)

schneller biskuit

4	Eier
1 Prise	Salz
80 g	Zucker
½ Pck	Vanillezucker
100 g	Weizenmehl, Type 405
¼	unbehandelte Bio-Zitrone, Schalenabrieb

Eier trennen und das Eiweiß mit einer Prise Salz steif schlagen.

Eigelbe mit Zucker, Vanillezucker und Zitronenschalenabrieb so lange rühren, bis eine helle und schaumige Masse entsteht.

Mehl sieben und abwechselnd mit dem Eischnee locker mithilfe eines Schneebesens unter die Eigelbmasse heben.

Backofen auf 175°C vorheizen.

Die Teigmasse auf ein mit Backpapier ausgelegtes Backblech streichen und im vorgeheizten Backofen auf der mittleren Schiene ca. 20 Minuten backen. Stäbchenprobe machen: Wenn an einem Holzstäbchen, das in den Kuchen gestochen wird, nichts mehr kleben bleibt, ist der Kuchen fertig.

Der fertige Biskuit sollte eine schöne hellgelbe Farbe haben.

schneller schokobiskuit

4	Eier
1 Prise	Salz
80 g	Zucker
½ Pck	Vanillezucker
20 g	Kakao zum Backen
80 g	Weizenmehl, Type 405
¼	unbehandelte Bio-Zitrone, Schalenabrieb

Eier trennen und das Eiweiß mit einer Prise Salz steif schlagen.

Eigelbe mit Zucker, Vanillezucker und Zitronenschalenabrieb so lange rühren, bis eine helle und schaumige Masse entsteht.

Mehl mit Kakao mischen und sieben. Abwechselnd mit dem Eischnee locker mithilfe eines Schneebesens unter die Eigelbmasse heben.

Backofen auf 175°C vorheizen.

Die Teigmasse auf ein mit Backpapier ausgelegtes Backblech streichen und im vorgeheizten Backofen auf der mittleren Schiene ca. 20 Minuten backen. Stäbchenprobe machen: Wenn an einem Holzstäbchen, das in den Kuchen gestochen wird, nichts mehr kleben bleibt, ist der Kuchen fertig.

feiner orangenbiskuit

4	Eier
80 g	Zucker
110 g	geschälte Mandeln, gerieben
60 g	Weizenmehl, Type 405
2 Msp	Backpulver
1	kleine unbehandelte Bio-Orange, Saft und Schale

Eier trennen und die Eigelbe mit 50 g Zucker hell und schaumig rühren.
Abgeriebene Orangenschale und Orangensaft unterrühren.

Eiweiß mit dem restlichen Zucker steif schlagen und locker mit der Eigelbmasse mischen.

Mandeln, gesiebtes Mehl und Backpulver mischen und ganz vorsichtig mithilfe eines Schneebesens unter die Masse heben.

Backofen auf 180°C vorheizen.

Die Teigmasse auf ein mit Backpapier ausgelegtes Backblech streichen und im vorgeheizten Backofen auf der mittleren Schiene 15–20 Minuten backen. Stäbchenprobe machen: Wenn an einem Holzstäbchen, das in den Kuchen gestochen wird, nichts mehr kleben bleibt, ist der Kuchen fertig.

Der fertige Biskuit sollte eine schöne hellgelbe Farbe haben.

feiner schokobiskuit

100 g	dunkle Schokolade, mind. 70% Kakaogehalt
4	Eier
80 g	Zucker
2 EL	Weizenmehl, Type 405

Schokolade im Wasserbad schmelzen und warm halten.

Eier trennen und das Eiweiß mit Zucker steif schlagen. Nacheinander die Eigelbe einzeln unterziehen.

Lauwarme Schokolade und gesiebtes Mehl locker mithilfe eines Schneebesens unter die Masse heben.

Backofen auf 175°C vorheizen.

Die Teigmasse auf ein mit Backpapier ausgelegtes Backblech streichen und im vorgeheizten Backofen auf der mittleren Schiene 20–25 Minuten backen. Stäbchenprobe machen: Wenn an einem Holzstäbchen, das in den Kuchen gestochen wird, nichts mehr kleben bleibt, ist der Kuchen fertig.

tipp: feinen schokobiskuit mit etwas rum aufpeppen, der mit der flüssigen schokolade unter die teigmasse gehoben wird.

cremerezepte

rezepte für 12 push-up-cakepops

joghurtsahne

400 ml	Sahne/Rahm
200 g	Naturjoghurt
2 Pck	Sahnesteif
1	unbehandelte Bio-Zitrone, Schalenabrieb

Sahne mit dem Schneebesen leicht anschlagen. Mit Joghurt mischen, dann mit dem Sahnesteif fertig aufschlagen. Abgeriebene Zitronenschale unterrühren, nach Geschmack süßen und kühl stellen.

tipp: zitrone durch orange ersetzen

schnelle limetten-, erdbeer-, orangen- oder cappuccinosahne

100 g	Glasurlinsen (Limette, Erdbeer, Orange oder Cappuccino)
500 ml	Sahne/Rahm
1 Pck	Sahnesteif

Glasurlinsen mit gewünschter Geschmacks-richtung wie auf Seite 56 beschrieben schmelzen.

Sahne mit Sahnesteif halbfest schlagen. Geschmolzene lauwarme Glasurlinsen vorsichtig unterheben und die Sahne fertig aufschlagen. Die aromatisierte Masse kühl stellen.

variation für schnelle minzsahne
Glasurlinsen durch dieselbe Menge weiße Minz-Glasurlinsen ersetzen.

schnelle leichte schokosahne

100 g	dunkle Schokolade mit mind. 70% Kakaoanteil oder Zartbitter-Schokolinsen
500 ml	Sahne/Rahm
1 Pck	Sahnesteif

Schokolade im Wasserbad bzw. Glasurlinsen wie auf Seite 56 beschrieben schmelzen.

Sahne mit Sahnesteif halbfest schlagen. Geschmolzene lauwarme Schokolade oder Glasurlinsen unterziehen. Schokosahne fertig aufschlagen und kühl stellen.

schnelle quarkcreme

250 g	Quark, 20% Fettgehalt
150 g	Naturjoghurt
200 ml	Sahne/Rahm
2 Pck	Sahnesteif
1	unbehandelte Bio-Zitrone, Schalenabrieb

Quark und Joghurt verrühren. Sahne mit Sahnesteif aufschlagen, die Schlagsahne portionsweise unter die Quarkmasse heben. Abgeriebene Zitronenschale unterrühren, nach Geschmack süßen und kühl stellen.

champagnercreme

400 g	Sahne/Rahm
350 ml	Champagner (alternativ: Prosecco oder Sekt)
75 g	Zucker
½ TL	Agar-Agar

Sahne steif schlagen und kalt stellen.

Flüssigkeit mit dem Zucker in einem Topf gut verrühren. Agar-Agar hinzufügen und sofort mit dem Schneebesen glatt rühren.

Den Topfinhalt langsam unter Rühren zum Kochen bringen. Die Flüssigkeit für ein bis zwei Minuten unter ständigem Rühren köcheln lassen. Topf vom Herd ziehen und etwas abkühlen lassen.

Vorbereitete Schlagsahne unter das Champagnergelee ziehen und kühl stellen.

klassische vanille-buttercreme

¼ l	Milch
25 g	Vanillepuddingpulver
1	Eigelb
80 g	Zucker
250 g	Butter, auf Zimmertemperatur

Mit 5 EL der Milch das Vanillepuddingpulver glattrühren. Eigelb hinzufügen und kräftig verrühren.
Restliche Milch mit Zucker aufkochen. Die Eigelbmasse in die kochende Mich einrühren und unter Rühren kurz aufkochen lassen.

Puddingmasse auskühlen lassen und durch ein Sieb streichen.

Butter schaumig rühren. Nach und nach die Puddingmasse untermischen.

Vor dem Befüllen der Formen die Creme abkühlen lassen.

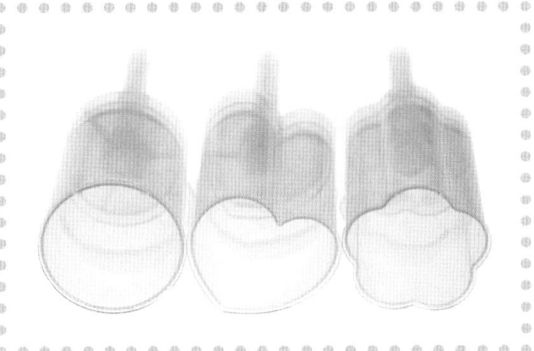

tipp: push-up-förmchen gibt es außer in der klassischen form auch als herz oder blume.

13

physalis mit sanddorn

material & zutaten

- 12 Push-up-Formen
- feiner Orangenbiskuit (Grundrezept Seite 11)
- schnelle Quarkcreme (Grundrezept Seite 12)
- 4 Schalen frische Physalis, ca. 400 g (Kapstachelbeere)
- 1 TL Zucker
- 2–3 EL Sanddornmuttersaft
- 1 Orange, Saft (nach Bedarf)
- Glitzerflakes in Orange

zubereitung & dekoration

Zwölf schöne Physalis in ihren Hüllblättern beiseite legen.
Die restlichen Physalis von den Blättern befreien und die Früchte in ca. 2 mm breite Scheiben schneiden.

In einem Topf den Zucker karamellisieren lassen. Physalis kurz darin anschwenken und abkühlen lassen. Mit Sanddornsaft mischen, nach Bedarf noch etwas Orangensaft hinzufügen.

Quarkcreme mit wenig Physalissud aromatisieren und kühl stellen. Die Masse in einen Spritzbeutel füllen.

Aus dem Biskuit mit einem runden Ausstecher Plätzchen ausstechen.

Push-up-Cakepops wie auf den Seiten 8 und 9 beschrieben abwechselnd mit Schichten von Biskuit, Physalis-Sanddorn-Kompott und Quarkcreme füllen.

Die letze Schicht (Quarkcreme) mit Glitzerflakes bestreuen.

Beiseite gelegte Physalis bis zur Mitte einschneiden und auf den Rand der Push-up-Formen stecken.

tipp: die dekohilfe für push-up-cakepops eignet sich perfekt, um die push-up-formen zu befüllen, zu dekorieren und zu servieren.

pistazien-princess

material & zutaten

- 12 Push-up-Formen
- Patisserie-Sirup Pistazie
- feiner Pistazienbiskuit
- Pistazien-Joghurt-Sahne
- 120 g Pistazien, natur
- Goldzucker

feiner pistazienbiskuit

4	Eier
80 g	Zucker
110 g	geschälte Mandeln, gerieben
60 g	Dinkelmehl, Type 630
½ TL	Backpulver
3 EL	Patisserie-Sirup Pistazie

Eier trennen und die Eigelbe mit 50 g Zucker hell und schaumig rühren. 2 EL Pistazien-Sirup unterrühren.

Eiweiß mit dem restlichen Zucker zu Schnee schlagen und den Eigelb-Pistazien-Schaum locker unterziehen.
Mandeln, gesiebtes Mehl und Backpulver mischen. Die trockenen Zutaten vorsichtig mithilfe eines Schneebesens unter die Masse heben.

Backofen auf 180 °C vorheizen.

Die Teigmasse auf ein mit Backpapier ausgelegtes Backblech streichen und im vorgeheizten Backofen auf der mittleren Schiene 15–20 Minuten backen. Stäbchenprobe machen: Wenn an einem Holzstäbchen, das in den Kuchen gestochen wird, nichts mehr kleben bleibt, ist der Kuchen fertig.

Den Biskuit auskühlen lassen.

pistazien-joghurt-sahne

500 ml	Sahne/Rahm
2 Pck	Sahnesteif
100 g	griechischer Joghurt
3–4 EL	Patisserie-Sirup Pistazie

Schlagsahne mit dem Schneebesen leicht anschlagen, Sahnesteif hinzufügen und die Sahne fertig aufschlagen.
Joghurt mit Pistazien-Sirup verrühren.
Schlagsahne vorsichtig unterziehen, nach Geschmack süßen und kühl stellen.

dekoration

Den Rand der Push-up-Formen mit etwas Pistazien-Sirup einreiben. Für den Zuckerrand die Form kopfüber in eine Schale mit Goldzucker tauchen.

Pistazienkerne mit einem Messer fein hacken.

Aus dem ausgekühlten Pistazienbiskuit mit einem runden Ausstecher (ca. 4 cm Durchmesser) Plätzchen austechen.

Push-up-Cakepops wie auf den Seiten 8 und 9 beschrieben abwechselnd mit Schichten von Pistazienbiskuit, Pistazien-Joghurt-Sahne und gehackten Pistazien füllen.
Beim Befüllen darauf achten, dass der Zuckerrand nicht unterbrochen wird.

Die letze Schicht (Pistazien-Joghurt-Sahne) mit gehackten Pistazien bestreuen.

erdbeerfieber & erdbeerklassiker

**material & zutaten
für erdbeerfieber**

- 12 Push-up-Formen
- 400 g frische Erdbeeren
- Zucker, nach Geschmack
- feiner Orangenbiskuit (Grundrezept Seite 11)
- schnelle Erdbeersahne (Grundrezept Seite 12)
- rote Glitzerflakes und kleine Zuckerherzchen

zubereitung & dekoration

Erdbeeren waschen, das Grün entfernen und die Früchte mit einem Stabmixer pürieren. Nach Geschmack mit etwas Zucker süßen. Das Erdbeerpüree durch ein Sieb streichen.

Aus dem Biskuit mit einem runden Ausstecher Plätzchen ausstechen.

Push-up-Cakepops wie auf den Seiten 8 und 9 beschrieben abwechselnd mit Schichten von Biskuit, Erdbeermus und -sahne füllen.

Auf die letzte Schicht mithilfe eines Spritzbeutels mit Sterntülle die restliche Erdbeersahne oder mit Sahnesteif aufgeschlagene Sahne aufspritzen, mit roten Glitzerflakes und einem Zuckerherzchen dekorieren.

**material & zutaten
für erdbeerklassiker**

- 12 Push-up-Formen
- 400 g frische Erdbeeren
- schneller Biskuit (Grundrezept Seite 48)
- 400 g Sahne
- 2 Pck Sahnesteif

zubereitung & dekoration

Erdbeeren waschen, sechs schöne Erdbeeren mit Grün zur Seite legen und halbieren. Von den restlichen Erdbeeren das Grün entfernen und die Früchte in dünne Scheiben schneiden.

Schlagsahne etwas anschlagen, Sahnesteif unterrühren und die Sahne fertig aufschlagen.

Aus dem Biskuit mit einem runden Ausstecher Plätzchen ausstechen.

Push-up-Cakepops wie auf den Seiten 8 und 9 beschrieben abwechselnd mit Schichten von Biskuit, Erdbeerscheiben und Schlagsahne füllen.

Die Formen mit halb eingeschnittenen Erdbeerhälften dekorieren.

tipp: besonders hübsch sehen die erdbeeren aus, wenn sie zur hälfte in flüssige dunkle schokolade getaucht und dann auf der sahne dekoriert werden. mit diesen push-ups kriegen sie jede(n) rum!

nussknacker-cappuccino

material & zutaten
- 12 Push-up-Formen
- 300 g Nuss- und Kernmischung (z. B. Walnusskerne, Mandeln und Haselnüsse)
- 2 TL Zucker
- dunkle Schokoladenglasurlinsen
- feiner Orangenbiskuit (Grundrezept Seite 11)
- feiner Schokobiskuit (Grundrezept Seite 11)
- Cappuccinosahne (Grundrezept Seite 12)
- Schokodekor, z. B. Schmetterlinge

zubereitung & dekoration
Nüsse und Mandeln mit einem Messer klein-hacken.

In einem kleinen Topf den Zucker karamel-lisieren lassen. Gehackte Nussmischung dazugeben und bei mittlerer Hitze anrösten. Die Mandeln und Nüsse sollen dabei eine schöne Farbe bekommen und anfangen, herrlich zu duften.

Karamellnüsse abkühlen lassen.

Dunkle Schokoglasurlinsen wie auf Seite 56 beschrieben schmelzen.

Aus den beiden Biskuits mit einem runden Ausstecher Plätzchen ausstechen.

Push-up-Cakepops wie auf den Seiten 8 und 9 beschrieben abwechselnd mit Schichten von hellem und dunklem Biskuit, Cappuccinosahne, Karamellnüssen und wenigen Tropfen flüssiger Schokoglasur füllen.

Über die letzte Schicht die restliche Glasur träufeln, mit Orangenbiskuit abschließen. Mit einem Schokodekor verzieren, dieses evtl. noch mit Schokoglasur auf dem Biskuit fixieren.

für erwachsene
Die Nussknacker-Cappuccino-Pushs lassen sich mit Amaretto verfeinern. Dafür die Cappuccinosahne mit dem Likör aromati-sieren und dem Teig für den Schokobiskuit ebenfalls etwas Amaretto oder natürliches Bittermandelaroma zufügen.

tipp: die nussknacker-cappucino-pushs lassen sich auch mit nur einer sorte biskuit schichten.

bananen-bombe

material & zutaten

- 12 Push-up-Formen
- 8–10 Mini- oder Fingerbananen
- 1 Zitrone, Saft
- schneller Schokobiskuit (Grund-rezept Seite 10)
- klassische Vanille-Buttercreme (Grundrezept Seite 13)
- Dunkle Schokoglasurlinsen oder Schokosauce
- Schokodekor: Bananen

zubereitung & dekoration

Minibananen schälen und in 4–5 mm breite Scheiben schneiden. Sofort mit etwas Zitronensaft beträufeln. Der Saft verhindert, dass die Bananenscheiben braun werden.

Aus dem Biskuit mit einem runden Ausstecher Plätzchen ausstechen.

Push-up-Cakepops wie auf den Seiten 8 und 9 beschrieben abwechselnd mit Schichten von Biskuit, Bananenscheiben und Vanille-Buttercreme füllen.

Dunkle Schokoglasurlinsen wie auf Seite 56 beschrieben schmelzen.

Die letzte Schicht der Bananen-Bomben mit Buttercreme abschließen, die mithilfe eines Spritzbeutels mit Sterntülle aufgespritzt wird. Mit der flüssigen Schokoglasur überträufeln und mit einer Schokodekor-Banane garnieren.

Wer es gerne schokoladiger mag, füllt einfach auch Schokosauce zwischen die Push-up-Schichten.

tipp: sehr hilfreich sind extra hohe kreisausstecher.

schokolinsen-pudding-push

material & zutaten

- 12 Push-up-Formen
- 1 Pck klassischer Vanillepudding
- weitere Zutaten für den Pudding laut Anleitung auf der Packung
- schneller Schokobiskuit (Grundrezept Seite 12)
- 100 g bunte, dragierte Mini-Schokolinsen

zubereitung & dekoration

Den Vanillepudding laut Anleitung auf der Packung zubereiten und abkühlen lassen.

Aus dem Biskuit mit einem runden Ausstecher Plätzchen ausstechen.

Push-up-Cakepops wie auf den Seiten 8 und 9 beschrieben abwechselnd mit Schichten von Biskuit, Pudding und bunten Mini-Schokolinsen füllen.

Diese fröhlich-bunten Push-up-Cakepops kommen bei den Kleinen besonders gut an. Deshalb übrigen Rührkuchen oder Biskuit (z. B. von einer Biskuitrolle) beiseite legen und damit einen schnellen Kinder-Push-up füllen.

Werden Sie kreativ: Statt Pudding können Sie für die Schichten auch Fruchtjoghurt verwenden. Und dazwischen lassen sich verschiedene Leckereien verstecken, wie Gummibärchen, Marshmallows, Müsli, karamellisierte Nüsse, Kekse usw.
So haben Sie schnell ein ganz besonderes Highlight für Ihre kleinen Gäste!

tipp: kinder lieben es bunt! einfach die füllung aufteilen und unterschiedlich einfärben.

push-up-pop-orange

material & zutaten

- 12 Push-up-Formen
- fertige oder selbst gebackene Waffeln
- Glasurlinsen mit Orangenge-schmack
- 500–600 ml Vanilleeis
- 4 mittelgroße Orangen
- 5–6 TL Patisserie-Sirup Orange

zubereitung & dekoration

MIt einem runden Ausstecher aus den Waf-feln 12 Rondellen (Ø 4 cm) ausstechen.

Glasurlinsen mit Orangengeschmack wie auf Seite 56 beschrieben schmelzen. MIt einem Teelöffel über die Waffelplätz-chen in langen Zügen Glasurstreifen auf-bringen.

Orangen bis aufs Fruchtfleisch schälen. Mit einem scharfen Messer zwischen die Trenn-häutchen fahren und die Orangenfilets über einer Schüssel herauslösen, evtl. Kerne entfernen. Orangenfilets noch etwas kleinschneiden, den Saft dabei auffangen.

Orangenfilets, aufgefangenen Saft und Patisserie-Sirup auf dem Herd bei mittlerer Hitze etwas einkochen lassen. Orangenkompott abkühlen lassen und kalt stellen.

Vanilleeis aus dem Eisfach nehmen und mit einem Messer, das zuvor in heißes Wasser getaucht wurde, ca. 3–4 cm breite Schei-ben schneiden. Diese mithilfe eines runden Ausstechers in Form bringen.

Push-up-Cakepops abwechselnd mit Vanilleeis und Orangenkompott füllen. Die gefüllten Formen mit Deckel nach Bedarf nochmals kurz in den Gefrier-schrank legen.

Vor dem Servieren mit den Orangenwaffeln dekorieren.

tipp: eine kombination von buttermilcheis mit zitronen- oder rabarberkompott passt genauso gut.

ice-berry

material & zutaten

- 12 Push-up-Formen
- 12 pinkfarbene Eislöffelchen
- Tütenverschlüsse mit Drahtkern
- Dekopapierblümchen in Pink
- Mimosa-Zuckerperlen in Rosa, nach Geschmack

zutaten für die eismaschine

- 500 ml Sahne
- 300 ml Milch
- 200 g frische Beeren, gewaschen bzw. verlesen und geputzt
- 2 EL Patisserie-Sirup Vanille
- 2 EL Patisserie-Sirup Waldbeeren
- Zucker, nach Geschmack

zutaten für schnelles kindereis

- 500 g gefrorene Beerenfrüchte (Himbeeren oder Beeren-Mix)
- 500 g Joghurt
- Patisserie-Sirup Sahne
- Zucker, nach Geschmack

zubereitung mit der eismaschine

Früchte pürieren und evtl. durch ein Sieb streichen. Beide Siruparten mit den pürierten Beeren mischen. Sahne und Milch zugießen, alles gut verrühren und für eine halbe Stunde in den Kühlschrank stellen. Kalte Masse in eine Eismaschine geben und zu einer cremigen Konsistenz gefrieren lassen.

zubereitung für schnelles kindereis

Gefrorene Früchte mit Joghurt und Patisserie-Sirup im Mixer zerkleinern. Eventuell mit Zucker nachsüßen. Sofort in die Push-up-Formen füllen und servieren oder nochmals für einige Zeit mit Deckel ins Gefrierfach stellen.

zubereitung & dekoration

Tütenverschlüsse außen um die Mitte der Push-up-Formen binden. Durch den Drahtkern halten sie gut. Den auf Form gebrachten Drahtverschluss nochmals entfernen und mit einem Dekoblümchen schmücken, dass von hinten mit durchsichtigem Klebeband über dem Verschluss befestigt ist.

Push-up-Cakepops mit dem Eis füllen und nach Geschmack noch mit rosa Mimosas dekorieren.

Nun den vorbereiteten Verschlussdraht mit Blümchen wieder über die Form stülpen und ein Eislöffelchen daran fixieren.

tipp: patisserie-sirup ist eine mischung aus zucker und glukosesirup, die das eis angenehm süßt und durch die glukose cremig macht.

material & zutaten

- 12 Push-up-Formen
- 800 ml Wasser
- 200 ml Zitronensaft, frisch gepresst
- 3–4 EL Patisserie-Sirup Mojito
- 3–4 EL Patisserie-Sirup Limoncello
- 3–4 EL Zucker
- 2 geh. TL Agar-Agar (aus dem Bio-laden oder Reformhaus)
- 1 unbehandelte Bio-Zitrone, in Achtel geschnitten
- 1–2 unbehandelte Bio-Limetten, in Viertel oder Achtel geschnitten
- einige Zweige frische Pfefferminze
- Lebensmittelfarbe grün und gelb, nach Belieben

zubereitung mojito-götterspeise
für 6 push-ups

400 ml Wasser mit 100 ml Zitronensaft und dem Patisserie-Sirup Mojito mischen. Zucker nach Geschmack hinzufügen.
Alles mit einem Schneebesen gut verrühren. 1 geh. TL Agar-Agar hinzufügen und sofort mit dem Schneebesen glatt rühren. Etwas frische Minze am Stiel in die Flüssigkeit geben und alles in einen Topf gießen.
Den Topfinhalt langsam unter Rühren zum Kochen bringen. Kurz bevor die Flüssigkeit zu kochen beginnt, den Minzezweig entfernen. Flüssigkeit für ein bis zwei Minuten unter ständigem Rühren köcheln lassen.
Topf vom Herd ziehen, etwas abkühlen lassen und die noch warme Flüssigkeit in sechs auf einem Display fixierte Push-up-Formen füllen.

Die Götterspeise wird beim Abkühlen fest – also einfach abwarten.

zubereitung limoncello-götterspeise
für 6 push-ups

Zubereitung wie beim Mojito-Rezept, jedoch ohne Minze, dafür mit Patisserie-Sirup Limoncello.
Nach Geschmack den Anteil von frischem Zitronensaft und Zucker erhöhen. Die gesamte Flüssigkeitsmenge sollte 500 ml betragen.

dekoration

Wenn die Götterspeise ganz fest ist und nicht mehr aus der Form rutschen kann, diese mit einem Zuckerrand versehen. Dazu in eine kleine Schale etwas Zitronensaft geben, in eine weitere weißen oder braunen Zucker füllen. Den Rand der Push-ups vorsichtig kopfüber in Zitronensaft und anschließend sofort in Zucker tauchen.

Die Götterspeisen-Cocktails mit frischer Minze, Limetten- und Zitronenachteln dekorieren.

variation

Zum farbigen Hingucker werden die Push-ups durch je zwei Tropfen Lebensmittel-farbe – grün für die Mojitos und gelb für die Limoncellos. Dazu in die verrührte Flüssig-keit, bevor diese auf den Herd kommt, die Farbe hinzugeben.

für erwachsene

Statt Patisserie-Sirup echten Limoncello oder Rum mit Limettensaft (für den Mojito) verwenden. Die alkoholischen Flüssigkeiten erst dazugeben, wenn der Topf vom Herd gezogen wurde.

tipp: die geschmacks- und farbrichtungen lassen sich erweitern, z.b. durch himbeeren mit rot oder mandarinen mit orange usw.

johannisbeere-mandel

material & zutaten

- 12 Push-up-Formen
- 1 TL Zucker
- 300 g Mandelblättchen
- 500 g frische rote Johannisbeeren, gewaschen
- feiner Orangenbiskuit (Grundrezept Seite 11)
- schnelle, leichte Schokosahne (Grundrezept Seite 12)
- Puderzucker

zubereitung & dekoration

Den Zucker in einer Pfanne karamellisieren lassen. Mandelblättchen dazugeben und bei mittlerer Hitze mit dem Karamell überziehen. Die Mandeln sollen dabei eine schöne Farbe bekommen und anfangen, herrlich zu duften. Dabei ständig rühren, damit die Mandeln nicht anbrennen. Den Mandelkrokant abkühlen lassen.

Johannisbeeren mithilfe einer Gabel abrebeln oder von den Stielen zupfen.

Aus dem Biskuit mit einem runden Ausstecher Plätzchen ausstechen.

Push-up-Cakepops wie auf den Seiten 8 und 9 beschrieben abwechselnd mit Schichten von Biskuit, Schokosahne, Johannisbeeren und Mandelkrokant füllen.

Zum Schluss mit Puderzucker bestäuben.

tipp: für einen herbstlichen push-up johannisbeere durch orangen oder quittenkompott ersetzen. mit zimtpulver oder lebkuchengewürz abschmecker

champagner-brombeeren

material & zutaten

- 12 Push-up-Formen
- 500 g frische Brombeeren
- 1–2 TL Zucker
- etwas Champagner (alternativ: Prosecco oder Sekt)
- feiner Orangenbiskuit (Grundrezept Seite 11)
- Champagnercreme (Grundrezept Seite 13)

zubereitung & dekoration

In einem kleinen Topf den Zucker karamellisieren lassen. Brombeeren ganz kurz darin anschwenken und vorsichtig mit einem Schluck Champagner abschmecken (Achtung: das kann spritzen!). Die karamellisierten Beeren abkühlen lassen.

Aus dem Orangenbiskuit mit einem runden Austecher Plätzchen ausstechen, den übrigen Biskuit (Bild 3, Seite 8) zerbröseln.

Den Backofen auf 200 °C vorheizen.

Biskuitkrümel auf einem Backblech verteilen und im vorgeheizten Ofen ca. 20 Minuten kross backen. Aus dem Ofen nehmen und abkühlen lassen.

Push-up-Cakepops wie auf den Seiten 8 und 9 beschrieben abwechselnd mit Schichten von Biskuit, Brombeerkompott, Champagnercreme und gerösteten Biskuitkrümeln füllen.

Die letze Schicht (Champagnercreme) mit Biskuitkrümeln garnieren.

tipp: die brombeer-push-ups schmecken auch mit joghurt- oder limettensahne (siehe seite 12).

süße mango & scharfe chili

material & zutaten

- 12 Push-up-Formen
- 3 große reife Mangos
- 1 kleine Orange, Saft
- ca. ½ TL Chiliflocken
- feiner Schokobiskuit (Grundrezept Seite 11)
- schnelle, leichte Schokosahne (Grundrezept Seite 12)
- 24 kleine rote Chilischoten (zum Dekorieren)
- rotes Geschenkband

zubereitung & dekoration

Mangos schälen und das Fruchtfleisch vom Stein schneiden. Mangos in kleine Würfel schneiden. Mit Orangensaft in einen Topf geben, kurz andünsten und mit den Chiliflocken würzen. Gegebenenfalls noch etwas Orangensaft nachgießen, alles gut durchziehen und abkühlen lassen.

Aus dem Biskuit mit einem runden Ausstecher Plätzchen ausstechen.

Push-up-Cakepops wie auf den Seiten 8 und 9 beschrieben abwechselnd mit Schichten von Biskuit, scharfem Mangokompott und Schokosahne füllen.

Die letze Schicht (Schokosahne) mit einer Chilischote dekorieren.

Push-up-Formen außen mit einem roten Band und Chilischoten dekorieren.

tipp: für chilifans die schokosahne mit einer hochwertigen chilischokolade herstellen.

gartenparty-push-ups

material & zutaten
für kräuter-paprika-pushs
- für alle Varianten je
  12 Push-up-Formen
- 500 g Quark, 20% Fettgehalt
- 200 griechischer Joghurt
- etwas Mineralwasser
- 2 mittelgroße rote Gemüsepaprikas
- 1 Zitrone, Saft
- Salz, Pfeffer und Chiliflocken
- frische Kräuter, gemischt
- 8–10 Scheiben Pumpernickel
- 200 g Nussmischung (nach Belieben gesalzen)

für gemüsesticks mit wasabi-joghurt
- 2 rote Gemüsepaprikas
- 2–3 Stangen Staudensellerie
- 1 Salatgurke
- 6 Karotten
- 500 g griechischer Joghurt
- 80 g Crème Fraîche
- Wasabi
- Salz, Pfeffer und Chiliflocken

für tomaten-mozzarella-pushs
- Aceto Balsamico und Vanillezucker
- Olivenöl, Salz und Pfeffer
- 40 kleine Cocktailtomaten
- 36 Baby-Mozzarellas
- frisches Basilikum
- Cocktail-Sticks

zubereitung & dekoration der kräuter-paprika-pushs
Quark mit Joghurt vermischen und mit etwas Mineralwasser glattrühren. Auf zwei Schälchen verteilen. Paprikas waschen, Stiel und Kerne entfernen und die Paprikas in feine Würfelchen schneiden. Mit einer der Quarkmischungen verrühren. Mit etwas Zitronensaft, Salz, Pfeffer und Chiliflocken abschmecken.
Blättchen der gewaschenen Kräuter fein hacken und unter die andere Quarkmischung rühren. Ebenso abschmecken. Nussmischung mit einem Messer sehr fein hacken. Pumpernickel zerbröseln und mit den gehackten Nüssen mischen.
Die Push-ups abwechselnd mit Schichten von Pumpernickel-Nuss-Mischung und den Quarkcremes füllen.

zubereitung & dekoration der gemüsesticks
Gemüse waschen und küchenfertig putzen. Gemüse in Streifen schneiden, die etwas länger als die Formen sind.
Joghurt mit Crème Fraîche verrühren. Mit wenig Wasabi (Vorsicht: scharf!), Salz, Pfeffer und Chiliflocken würzen.
Joghurtcreme unten in die Push-ups füllen, die Gemüsesticks darauf platzieren.

zubereitung & dekoration für caprese
Balsamico mit etwas Vanillezucker in einen Topf geben und dickflüssig einkochen lassen. Abkühlen lassen und mit Olivenöl und etwas Balsamico mischen, mit Salz und Pfeffer abschmecken.
Cocktailtomaten und Mozzarellakügelchen halbieren, den Strunk bei den Tomaten entfernen. Mozzarella und Tomate abwechselnd in die Push-ups füllen, mit dem Dressing beträufeln und mit frischem Basilikum dekorieren. Mit Cocktail-Stick servieren.

tipps: der paprika-kräuter-quark eignet sich auch gut als dip.

sushi-push-ups

material & zutaten

- 12 Push-up-Formen
- 2 Kaffeetassen Sushireis und die doppelte Menge Wasser
- Sushi-Würze (Mischung aus Reiswein und Reisessig nach Geschmack, mit Zucker und etwas Salz)
- 12 Stangen grüner Spargel
- Salz und Zucker
- je 1 Mango und Avocado
- Zitronensaft, frisch gepresst
- 3–4 frische Algenblätter
- Wasabi
- Sojasauce
- eingelegter Sushi-Ingwer

zubereitung & dekoration

Reis gründlich waschen, bis das Wasser klar bleibt. Reis mit der doppelten Menge Wasser in einen Topf geben und aufkochen. Hitzezufuhr stark reduzieren, den Topf mit einem Deckel schließen und zehn Minuten garen lassen. Herd ausschalten, den Deckel abnehmen und den Topf mit einem Geschirrtuch abdecken. Den Reis weitere zehn Minuten garen lassen.

Reis in eine flache (Holz-)Schüssel geben. Ca. 2 EL Sushi-Würze darüberträufeln und vorsichtig mit einem Holzspatel vermengen.

Mit einem Fächer dem Reis Luft zufächern, so kühlt er schneller ab und behält seinen Glanz. Am Besten gleich weiter verarbeiten!

Unteres Drittel des Spargels schälen und in der Mitte halbieren. In einem Topf mit leicht gesalzenem und gezuckertem kochenden Wasser kurz blanchieren. Der Spargel sollte noch Biss haben. Mit kaltem Wasser abschrecken und den Spargel abkühlen lassen. Dann den Spargel in kurze Stücke schneiden. Die Spitze auf ca. 4 cm Länge belassen und zur Seite legen.

Mango und Avocado schälen, Kern von der Avocado entfernen und die Mango vom Kern schneiden. Beides getrennt in kleine Stücke schneiden.
Avocado mit etwas Zitronensaft beträufeln, damit sie nicht braun wird.

Mit einem runden Ausstecher auf den Algenblättern Kreise aufdrücken und vorsichtig mit einer Schere ausschneiden.

Push-up-Formen schichtweise füllen, dabei mit dem Reis beginnen. Mit dem Push-up-Hilfewerkzeug (siehe folgende Doppelseite) die Masse etwas nach unten drücken. Darauf ein Algenblatt legen und etwas Wasabipaste darübergeben. Dann wieder etwas Reis, Spargel, Mango und Avocado. Mit wenig Sojasauce beträufeln und eine Scheibe Ingwer hineinlegen. Wieder von vorne beginnen und zum Schlus mit der Spargelspitze und einem Stückchen Alge dekorieren.

kiwi-minze

material & zutaten
- 12 Push-up-Formen
- schneller Schokobiskuit (Grundrezept Seite 10)
- schnelle Minzsahne (Grundrezept Seite 12)
- 6 frische reife Kiwis
- frische Minzblättchen

zubereitung & dekoration
Kiwis schälen und in je acht Scheiben schneiden.

Aus dem Biskuit mit einem runden Ausstecher Plätzchen ausstechen.

Push-up-Cakepops wie auf den Seiten 8 und 9 beschrieben abwechselnd mit Schichten von Biskuit, Kiwischeiben und Minzsahne füllen.

Auf die letzte Schicht (Minzsahne) eine große Kiwischeibe legen und mit einigen Blättchen frischer Minze dekorieren.

variation
Kiwi durch frische Ananas ersetzen und zwischen die Schichten noch etwas dunkle Schokoladensauce träufeln.

tipp: der push-up-helfer läst sich ganz einfach selbst machen. nur den rand einer bodenplatte abschneiden – und fertig!

43

zitronen- & himbeer-schäumchen

material & zutaten für zitronen-pushs
- 12 Push-up-Formen
- 2 unbehandelte Bio-Zitronen
- 1 EL Zucker
- 2–3 mittelgroße Meringen (Schäumchen)
- feiner Orangenbiskuit (Grundrezept Seite 11)
- Joghurtsahne (Grundrezept Seite 12)

zubereitung & dekoration
Mit einem Zestenreißer Streifen von der Schale der Zitronen abziehen. Diese kurz in kochendem Wasser blanchieren, danach gut abtropfen lassen.
In einer beschichteten Pfanne bei mittlerer Hitze Zucker schmelzen, Zestenstreifen darin karamellisieren und abkühlen lassen.

Meringen in eine kleine Tiefkühltüte geben und mit einer Kuchenrolle (Wellholz) zu Bröseln zerkleinern.

Aus dem Biskuit mit einem runden Ausstecher Plätzchen ausstechen.

Push-up-Cakepops wie auf den Seiten 8 und 9 beschrieben abwechselnd mit Schichten von Biskuit, Joghurtsahne, Meringenbröseln und Zesten schichten.

Die letzte Schicht (Joghurtsahne) mit den Zitronenzesten dekorieren.

material & zutaten für himbeer-pushs
- 12 Push-up-Formen
- 500 g frische Himbeeren
- 2–3 mittelgroße Meringen (Schäumchen)
- schneller Biskuit (Grundrezept Seite 10)
- 400 ml Sahne/Rahm
- 2 Pck Sahnesteif

zubereitung & dekoration
Himbeeren mit einem Stabmixer leicht pürieren. Für Erwachsene noch einen Schuss Himbeergeist hinzufügen.

Meringen in eine kleine Tiefkühltüte geben und mit einer Kuchenrolle zu Bröseln zerkleinern.

Aus dem Biskuit mit einem runden Ausstecher Plätzchen ausstechen.

Sahne etwas anschlagen, Sahnesteif unterrühren und fertig aufschlagen.

Push-up-Cakepops wie auf den Seiten 8 und 9 beschrieben abwechselnd mit Schichten von Biskuit, Schlagsahne, Himbeerpüree und Meringenbröseln schichten.

tipp: biskuit mit einer mischung aus frisch gepresstem orangensaft und etwas frisch gepresstem zitronensaft beträufeln. das macht den push-up noch saftiger.

... -push-ups und -cakepops verloren

material & zutaten push-ups
- 12 Push-up-Formen
- 500 g frische Heidelbeeren
- 1 TL Zucker
- schneller Biskuit (Grundrezept Seite 10)
- Frischkäsefrosting (Grundrezept Seite 42)
- lila kariertes Geschenkband
- Push-up-Dekohilfe (siehe Seite 43)

zubereitung & dekoration push-ups
Heidelbeeren waschen, Blätter und Stiele entfernen. Ungefähr ein Viertel der Heidelbeermenge beiseite stellen.

In einem Topf Zucker karamellisieren, die Hälfte der Heidelbeeren kurz darin anschwenken und abkühlen lassen.

Heidelbeerkompott mit dem Frischkäsefrosting verrühren. Kühl stellen, Dann die Masse in einen Spritzbeutel mit großer Sterntülle füllen.

Push-up-Cakepops wie auf den Seiten 8 und 9 beschrieben abwechselnd mit Schichten von Biskuit, Heidelbeercreme und frischen Heidelbeeren füllen.

Die letze Schicht (Heidelbeercreme) mit den beiseite gelegten Heidelbeeren dekorieren und mit dem übrigen Sud des Kompotts beträufeln.

Die Formen mit karierten Bändern und einer Schleife umschlingen.

material & zutaten cakepops
- Cakepops-Kugeln (Grundrezepte Seite 52–55)
- hellweiße Glasurlinsen
- lila Zuckerstreuselkügelchen
- Zuckerkette
- lila karierte Mini-Muffin-Förmchen
- Lolli-Stiele
- Styroporplatte oder Dekohilfe

zubereitung & dekoration cakepops
Hellweiße Glasurlinsen wie auf Seite 56 beschrieben schmelzen.

Fertig vorbereitete Cakepops-Kugeln aus dem Kühl- oder Gefrierschrank nehmen und wie auf den Seiten 50 und 51 beschrieben auf einen Stiel stecken und in die Glasur tauchen.

Auf die gut getrockneten Cakepops mit einem feinen Pinsel aus der noch geschmolzenen hellweißen Glasur ein Herz aufmalen und dieses sofort mit lilafarbenen Zuckerstreuselkügelchen bestreuen.

Wenn alles getrocknet ist, in die Mitte des Papierförmchens eine kleine Öffnung stechen und von unten auf den Stiel schieben.

Papierförmchen mit einem eng sitzenden Bonbon der Zuckerkette auf dem Lolli-Stiel fixieren.

tipp: sehr dekorativ wirkt es, wenn auf einem büfett oder für die tischdekoration alles farblich aufeinander abgestimmt ist.

herstellung schritt für schritt

bilder 1 & 2
Den ausgekühlten Rührkuchen (am besten vom Vortag, Grundrezepte Seite 52–53) in Stücke schneiden und zu feinen Krümeln zerbröseln. Harte Ränder nicht verwenden.

tipp: leichter geht es, wenn die kuchenstücke zwischen den händen zerrieben werden.

bilder 3 & 4
Frosting (Rezepte Seite 54–55) unter die Brösel mischen und gut miteinander vermengen. Nur so viel Frosting verwenden, bis eine klebrige, formbare Masse entsteht.

tipp: die masse mit einem elektrischen handrührgerät auf kleinster stufe oder mithilfe eines teigmischers vermengen.

bild 5
Mit den Händen Kugeln mit einem Durchmesser von ca. 3–4 cm formen.

tipp: um später gleichgroße kugeln zu bekommen, ist es gut, die masse abzuwiegen. für kleinere kugeln 25 g masse verwenden, für etwas größere bis zu 30 g.

bild 6
Glasurlinsen im Wasserbad langsam und mit wenig Hitzezufuhr schmelzen. Um die Glasur einzufärben oder sie mit Aroma zu versehen, bitte nur auf Öl basierende Farben oder Aromen verwenden.

bild 7
Kugeln für ca. 15 Minuten ins Eisfach oder ca. 60 Minuten in den Kühlschrank stellen. Zutaten für die Dekoration zurechtlegen.

tipp: bei kleineren kugeln verkürzt sich die zeit entsprechend.

bild 8
Die Lolli-Stiele ca. 2 cm in die Glasur tauchen …,

bild 9
… dann in eine Kuchenkugel stecken. Kurz abwarten …

bild 10
… und dann den Minikuchen am Stiel in die Glasur tauchen und vollständig damit überziehen.

bild 11 & 12
Überschüssige Glasur durch leichtes Schütteln und Drehen abtropfen lassen. Danach fantasievoll nach Herzenslust dekorieren. Cakepops zum Trocknen in eine Styroporplatte oder Dekohilfe stecken.

tipp: feine streusel, glitzerflakes oder ähnliches immer auf die noch leicht feuchte, aber bereits angetrocknete glasur aufbringen. so hält die dekoration besser und vermischt sich nicht mit der oberfläche des cakepops.

grundrezepte für 20–25 cakepops

sandkuchen

100 g	Butter
20–40 g	Zucker
2	Eier
1 Prise	Salz
½ Pck	Vanillezucker
200 g	Weizenmehl, Type 405
2 TL	Backpulver
ca. 4 EL	Milch

Den Backofen auf 175 °C vorheizen.

Die Butter mit dem Zucker schaumig rühren, bis sich der Zucker aufgelöst hat und eine weiß-schaumige Masse entsteht. Nacheinander die Eier, Salz und den Vanillezucker einrühren.

Das Mehl mit dem Backpulver vermischen und durchgesiebt unter die Teigmasse rühren. Nach Bedarf bis zu 4 EL Milch unterrühren; der Teig sollte schwer vom Löffel fallen.

Eine Kasten- oder Kuchenform (ca. 30 cm lang bzw. mit 20 cm Durchmesser) einfetten oder mit Anti-Haft-Backspray einsprühen.

Den Teig einfüllen und im vorgeheizten Backofen auf der mittleren Schiene 30–35 Minuten backen. Die Stäbchenprobe machen: Bleibt an einem Holzstäbchen, das in den Kuchen gesteckt wird, nichts mehr kleben, dann ist der Kuchen fertig.

zitronenkuchen
Bei den Zutaten die Milch durch dieselbe Menge frisch gepressten Zitronensaft ersetzen und den Teig mit dem Schalenabrieb einer unbehandelten Bio-Zitrone aromatisieren.

orangenkuchen
Bei den Zutaten die Milch durch dieselbe Menge frisch gepressten Orangensaft ersetzen und den Teig mit dem Schalenabrieb einer unbehandelten Bio-Orange aromatisieren.

eierlikörkuchen
Bei den Zutaten die Milch durch dieselbe Menge Eierlikör ersetzen.

red-velvet-kuchen (roter samtkuchen)
Bei den Zutaten die Milch durch dieselbe Menge Red-Velvet-Backemulsion ersetzen.

hinweis: der kuchen bekommt durch die backemulsion sein besonderes aroma und die typische dunkelrote farbe.

nusskuchen

100 g	Butter
20–40 g	Zucker
2	Eier
1 Prise	Salz
½ Pck	Vanillezucker
40 g	Haselnüsse oder Mandeln, gemahlen
150 g	Weizenmehl, Type 405
2 TL	Backpulver
1–2 EL	Milch

Den Backofen auf 175 °C vorheizen.

Die Butter mit dem Zucker schaumig rühren, bis sich der Zucker aufgelöst hat und eine weiß-schaumige Masse entsteht. Nacheinander die Eier, Salz und den Vanillezucker einrühren.

Mandeln oder Nüsse unterrühren. Mehl mit dem Backpulver vermengen und durchgesiebt unter die Teigmasse mischen. Nach Bedarf bis zu 4 EL Milch unterrühren; der Teig sollte schwer vom Löffel fallen.

Eine Kasten- oder Kuchenform (ca. 30 cm lang bzw. mit 20 cm Durchmesser) einfetten oder mit Anti-Haft-Backspray einsprühen.

Den Teig einfüllen und im vorgeheizten Backofen auf der mittleren Schiene 30–35 Minuten backen. Die Stäbchenprobe machen: Bleibt an einem Holzstäbchen, das in den Kuchen gesteckt wird, nichts mehr kleben, dann ist der Kuchen fertig.

schokokuchen

100 g	Butter
40 g	Zucker
2	Eier
1 Prise	Salz
½ Pck	Vanillezucker
180 g	Weizenmehl, Type 405
20 g	Kakaopulver
2 gestr. TL	Backpulver
ca. 4 EL	Milch

Den Backofen auf 175 °C vorheizen.

Die Butter mit dem Zucker schaumig rühren, bis sich der Zucker aufgelöst hat und eine weiß-schaumige Masse entsteht. Nacheinander die Eier, Salz und den Vanillezucker einrühren.

Mehl mit Kakao und dem Backpulver vermengen und durchgesiebt unter die Teigmasse mischen. Nach Bedarf bis zu 4 EL Milch unterrühren; der Teig sollte schwer vom Löffel fallen.

Eine Kasten- oder Kuchenform (ca. 30 cm lang bzw. mit 20 cm Durchmesser) einfetten oder mit Anti-Haft-Backspray einsprühen.

Den Teig einfüllen und im vorgeheizten Backofen auf der mittleren Schiene 30–35 Minuten backen. Die Stäbchenprobe machen: Bleibt an einem Holzstäbchen, das in den Kuchen gesteckt wird, nichts mehr kleben, dann ist der Kuchen fertig.

tipp: wenn keine zeit zum selberbacken bleibt, einfach einen fertigen rührkuchen verwenden.

frosting-grundrezepte

grundrezepte für ca. 20–25 cakepops

Frosting beschreibt im Englischen jene Massen, die für Überzug oder Glasur verwendet werden können. Bei den bekannten Cupcakes ist das Frosting beispielsweise die Creme auf den Törtchen, bei den Cakepops hingegen ist es jene Masse, die mit dem zerkrümelten Kuchen vermischt wird, ihm das entsprechende Aroma verleiht und das Ganze geschmeidig und formbar macht.

vanillefrosting

60 g	Butter, auf Zimmertemperatur
120 g	Puderzucker
1 TL	Vanillezucker
1–2 EL	Milch

Weiche Butter mit dem elektrischen Handrührgerät sehr schaumig rühren. Puderzucker mit dem Vanillezucker mischen und durchgesiebt unterrühren, bis eine schaumig-cremige Masse entsteht. Bei Bedarf etwas Milch zugeben.

frischkäsefrosting

30 g	Butter, auf Zimmertemperatur
70 g	Frischkäse (auch fettreduzierte Sorten sind verwendbar)
85 g	Puderzucker
1 TL	Vanillezucker

Weiche Butter mit dem elektrischen Rührgerät sehr schaumig rühren. Puderzucker mit dem Vanillezucker mischen und durchgesiebt unterrühren, bis eine schaumig-cremige Masse entsteht. Frischkäse hinzufügen. Bei Bedarf etwas Milch zugeben.

schokofrosting

60 g	Butter, auf Zimmertemperatur
120 g	Puderzucker
20 g	Kakaopulver
1 TL	Vanillezucker
1–2 EL	Milch

Weiche Butter mit dem elektrischen Rührgerät sehr schaumig rühren. Puderzucker mit Kakao und dem Vanillezucker mischen und durchgesiebt unterrühren, bis eine schaumig-cremige Masse entsteht. Bei Bedarf etwas Milch zugeben.

käsekuchenfrosting

30 g	Butter, auf Zimmertemperatur
70 g	Magerquark
85 g	Puderzucker
1 TL	Vanillezucker
1	unbehandelte Zitrone

Weiche Butter mit dem elektrischen Rührgerät sehr schaumig rühren. Puderzucker mit dem Vanillezucker mischen und durchgesiebt unterrühren, bis eine schaumig-cremige Masse entsteht. Magerquark hinzufügen. Bei Bedarf etwas Zitronensaft zugeben und mit abgeriebener Schale einer unbehandelten Bio-Zitrone abschmecken.

tipp: die frostingrezepte können auch für cupcakes und cakedrops verwendet werden.

frosting-variationen

schokofrosting für kinder
Beim Frischkäsefrosting den Frischkäse zur Hälfte durch Nuss-Schoko-Creme ersetzen.

zitronenfrosting für kinder
Beim Frischkäsefrosting die Milch durch 1–2 EL frisch gepressten Zitronensaft ersetzen.

orangenfrosting für kinder
Beim Frischkäsefrosting die Milch durch 1–2 EL frisch gepressten Orangensaft ersetzen oder unter die Masse ein bis zwei Tropfen natürliches Orangenaroma mischen.

rotes fruchtfrosting für kinder
Beim Vanillefrosting die Masse mit Himbeer-, Kirsch- oder Erdbeeraroma versehen.

fruchtquarkfrosting für kinder
Beim Frischkäsefrosting den Frischkäse durch Fruchtquark ersetzen.

frosting für erwachsene
Statt Milch in den Frostingrezepten Alkohol (Rum, Rotwein usw.) verwenden.

tiramisù-frosting
Beim Frischkäsefrosting den Frischkäse durch Mascarpone ersetzen und der Masse 1–2 EL starken Espresso hinzufügen.

amarettofrosting für erwachsene
Beim Vanillefrosting die Milch durch 1–2 TL Amaretto ersetzen.

eierlikörfrosting für erwachsene
Beim Vanillefrosting die Milch durch 1–2 TL Eierlikör ersetzen.

zitronenfrosting für erwachsene
Beim Frischkäsefrosting die Milch durch 1–2 TL Zitronenlikör (z. B. Limoncello) und etwas abgeriebene Schale einer unbehandelten Bio-Zitrone ersetzen.

orangenfrosting für erwachsene
Beim Frischkäsefrosting die Milch durch 1–2 TL Orangenlikör (z. B. Grand Marnier oder Cointreau) und etwas abgeriebene Schale einer unbehandelten Bio-Orange ersetzen.

glasuren

die glasurlinsen werden im englischen und us-amerikanischen auch candymelts, candy coating, candy wafers oder callets genannt – je nach anbieter.

Glasurlinsen (Schmelzdrops) sind die wichtigste Dekorationszutat für die Cakepops. Die Kuchenkugeln werden in deren geschmolzene Masse getaucht und damit überzogen. Das macht das Ganze fester und es lässt sich einfacher darauf dekorieren. Glasurlinsen gibt es in vielen Farben und in unterschiedlichen Geschmacksrichtungen.

anwendungstipps

• Glasurlinsen im Wasserbad langsam und mit wenig Hitzezufuhr schmelzen. Das geht auch in der Mikrowelle: Auf die halbe Wattzahl einstellen, beginnend bei zwei Minuten. Dann die Glasurlinsen umrühren und den Vorgang so oft wiederholen bis die Linsen vollständig geschmolzen sind.

• Ein schmales, hohes Gefäß benutzen. In der Mikrowelle können die Glasurlinsen in einer mikrowellengeeigneten, hitzebeständigen Dose geschmolzen werden, in der sich die Reste gut aufbewahren lassen.

• Unbedingt eine Überhitzung und den Kontakt mit Wasser vermeiden. Sonst fängt die Glasur zu grießeln an oder sie wird hart und somit unbrauchbar.

• Zum Einfärben oder Aromatisieren der Glasur, bitte nur auf Öl basierende Produkte verwenden.

• Durch Mischen der Glasurlinsen entstehen neue Farben. Farbige Glasurlinsen werden aufgehellt oder pastelliger, wenn sie mit hellweißen Glasurlinsen gemischt werden.

• Übrige Glasur kann aufbewahrt und erneut geschmolzen werden.

• Falls die Kuchenoberfläche nach dem Überziehen noch durchschimmert, z. B. bei Schokokugeln mit weißer Glasur, die Kugeln einfach ein zweites Mal hineintauchen.

• Je nach Farbe der Glasurlinsen ist ihre Konsistenz unterschiedlich. Ab besten eignet sich Kokosfett (soft bzw. flüssig), um die Glasur geschmeidiger zu machen.

• Glasurlinsen trocken und kühl, jedoch nicht im Kühlschrank oder Gefrierfach aufbewahren.

tipp: glasur nicht auf einmal schmelzen! durch die linsenform ist eine dosierung gut möglich.

tipp: cakepops mit folie für lutscher umhüllen und mit papieraccessoires verzieren. hübsch und praktisch ist die verpackung von cakepops in einem geschenkkarton mit blisterdeckel, auf farbiges seidenpapier gebettet.

damenkränzchen-cakepops

material & zutaten

- Cakepops-Kugeln (Grundrezepte Seite 52–55)
- Glasurlinsen in Pfirsich, Limonengrün, Hellblau, Schwarz, Rot (für Augen und Mund)
- Cakepops-Sommerhütchen in Orange, Grün und Hellblau
- Lolli-Stiele
- feiner Pinsel
- Styroporplatte oder Deko-Hilfe

dekoration

Pfirsichfarbene, hellblaue und limonengrüne Glasurlinsen wie auf Seite 56 beschrieben pro Farbe separat schmelzen.

Fertig vorbereitete Cakepops-Kugeln aus dem Kühl- oder Gefrierschrank nehmen und wie in der Anleitung auf den Seiten 50 und 51 beschrieben auf einen Stiel stecken und in die gewünschte Glasur tauchen.

Wenn die Glasur nicht mehr tropft und leicht angezogen hat, das Hütchen aufsetzen. So kann es mit der Glasur antrocknen und fällt später nicht vom Cakepop.

Schwarze und rote Glasurlinsen wie auf Seite 56 beschrieben schmelzen.

Auf die gut getrockneten Cakepops mit einem feinen Pinsel aus der schon geschmolzenen hellblauen Glasur zwei Punkte für die Augen aufmalen.
Bei den blauen Cakepops die limonengrünen verwenden.

Mit der roten Glasur Lippen und Bäckchen aufmalen. Wenn beides trocken ist, mit der schwarzen Glasur noch die Wimpern, Pupillen und einen kleinen Schönheitsfleck aufmalen.

tipp: die hütchen lassen sich zwar nicht vernaschen, aber dafür können sie erneut verwendet werden.

new-york-shirt-cakepops

material & zutaten

- Cakepops-Masse (Grund-rezepte Seite 52–55)
- hellweiße Glasurlinsen
- schwarze Glasur in der Tube
- Streudekor: große rote Herzchen
- Lolli-Stiele
- Ausstecherförmchen: T-Shirt
- feiner Pinsel
- Backpinzette
- Styroporplatte oder Deko-Hilfe

vorbereitung

Cakepops-Masse zu einem Block formen, der die Höhe und Breite der T-Shirt-Ausstecherform hat.

Nun jeweils T-Shirts ausstechen und für ca. 20 Minuten ins Gefrierfach oder für ca. 70 Minuten in den Kühlschrank stellen.

dekoration

Hellweiße Glasurlinsen wie auf Seite 56 beschrieben schmelzen.

Vorbereitete Cakepops-T-Shirts aus dem Kühl- oder Gefrierschrank nehmen. Zuerst den Lolli-Stiel in die Glasur tauchen, dann von unten in das T-Shirt schieben und kurz antrocknen lassen.
Dann den ganzen Cakepop wie in der Anleitung auf den Seiten 50 und 51 beschrieben in die Glasur tauchen und den Cakepop zum Abtropfen senkrecht nach unten halten.

Bei den T-Shirts besonders vorsichtig beim Tauchen sein, da sie leicht brechen. Eventuell mit einem Zahnstocher etwas Glasur in der Achselhöle entfernen, um die Kontur besser zur Geltung zu bringen.

Mit einem feinen Pinsel aus der hellweißen Glasur einen Punkt auf die roten Zuckerher-zen tropfen und das Herz mit der Backpin-zette auf dem T-Shirt platzieren.

Die Glasurtube in einem Topf mit heißem Wasser erwärmen und sie direkt aus der Tube zum Schreiben der Buchstaben ver-wenden.
Oder die Glasur aus der Tube in eine kleine Schale drücken und mit einem feinen Pinsel die Schrift aufmalen.

tipp: eine schriftprobe mit der glasurtube auf einem teller machen. auf dem cakepop lässt sich die glasur nicht entfernen.

freche erbsen & verrückte karotten

material & zutaten
- Cakepops-Masse und Cakepops-Kugeln (Grundrezepte Seiten 52–55)
- Cakepops-Förmchen: Cone (siehe Abbildung unten)
- Glasurlinsen in Dunkelgrün, Orange und Schwarz
- evtl. ölhaltige Lebensmittelfarbe in Orange
- Zuckeraugen: Eye Candy
- essbares Gras in Grün
- Lolli-Stiele
- Backpinzette
- Styroporplatte oder Deko-Hilfe

vorbereitung der cakepops-karotten
Cakepops-Masse zu einer Boje formen und in das Cakepops-Förmchen drücken. Verschließen und die überschüssige Masse entfernen. Wieder vorsichtig öffnen und die geformte Masse entnehmen.
Eventuell die Form und Oberfläche noch etwas nacharbeiten.

Vorbereitete Cakepops-Kugeln und Cakepops-Karotten für ca. 15 Minuten ins Gefrierfach oder für ca. 60 Minuten in den Kühlschrank stellen.

dekoration
Dunkelgrüne und orangefarbene Glasurlinsen wie auf Seite 56 beschrieben pro Farbe separat schmelzen.

Fertig vorbereitete Cakepops-Kugeln (für die Erbsen) und Cakepops-Karotten aus dem Kühl- oder Gefrierschrank nehmen und wie in der Anleitung auf den Seiten 50 und 51 beschrieben auf einen Stiel stecken. Bei den Karotten ist etwas Feingefühl erforderlich. Karotten in die orangefarbene, Erbsen in die grüne Glasur tauchen.

Sobald die Glasur nicht mehr zu sehr tropft und fest zu werden beginnt, mit einem Pinsel seitliche Streifen in die verrückten Karotten ziehen.

Zuckeraugen mit der Back-Pinzette greifen und mit der Unterseite vorsichtig in die jeweilig farbige Glasur tauchen. Dann auf den Cakepops platzieren.

Schwarze Glasurlinsen wie auf Seite 56 beschrieben schmelzen.

Auf die gut getrockneten Erbsen-Cakepops mit dem Pinsel einen großen lachenden Mund aufmalen.

Die beiden Spitzen der Backpinzette zusammendrücken und mit der Spitze vorsichtig ein Loch in die Mitte der Oberseite der Karotten durch die Glasur platzieren.

Vom essbaren Gras einige Streifen abbrechen, mit der Pinzette greifen und in die Öffnung der Karotte stecken.

tipp: ein toller effekt entsteht, wenn mit orangefarbener lebensmittelfarbe noch einige seitliche streifen auf die karotten gemalt werden.

einäugiger mars-kugel-cakepop

material & zutaten

- Cakepops-Kugeln (Grundrezepte Seiten 52–55)
- Glasurlinsen in Limettengrün, Gelb, Hellweiß, dunkler Schokolade (für Mund und Wimpern)
- Zuckeraugen: Eye Candy
- Zuckerperlen in Hellgrün (7 mm)
- Glitzerflakes in Grün (Magic Sparcles)
- Schokoröllchen: Zebra
- Lolli-Stiele
- normaler und feiner Pinsel
- Backpinzette
- Styroporplatte oder Deko-Hilfe

vorbereitung

Limettengrüne und gelbe Glasurlinsen im Verhältnis 2:1 mischen und wie auf Seite 56 beschrieben schmelzen. Diese Mischung macht den Grünton greller.

Zebraröllchen am besten für zehn Minuten in den Kühlschrank stellen, dann lassen sie sich besser weiterverarbeiten. Die Zuckerperlen mit der Pinzette greifen und in die grüne Glasur tauchen. Sofort auf den Röllchen platzieren.
Kurz warten bis die Glasur angezogen hat und auf einen Teller legen. Die vorbereiteten Röllchen während des Glasierens der Cakepops eventuell nochmals in den Kühlschrank stellen.

Zebraröllchen können brechen, daher ruhig etwas mehr als benötigt vorbereiten, um beim späteren Dekorieren eine Reserve zu haben.

dekoration

Fertig vorbereitete Cakepops-Kugeln aus dem Kühl- oder Gefrierschrank nehmen und wie in der Anleitung auf den Seiten 50 und 51 beschrieben auf einen Stiel stecken und in die Glasur tauchen.

Sobald die Glasur nicht mehr tropft und leicht angezogen hat, sofort die vorbereiteten Zebraröllchen auf dem Cakepop platzieren und mit ganz leichtem Druck einstecken.

Bei Bedarf nochmals leicht nachkorrigieren und halten, bis die Glasur fester ist und die Röllchen von alleine halten. Das erfordert etwas Fingerspitzengefühl und eine ruhige Hand.

Bevor die Glasur ganz fest wird, am oberen Kugelteil etwas Glitzerflakes (Magic Sparcles) aufstreuen. Das bringt einen tollen Effekt!

Hellweiße und dunkle Schokoglasurlinsen wie auf Seite 56 beschrieben schmelzen.

Auf die gut getrockneten Cakepops mit einem Pinsel einen großen weißen Punkt aufmalen und trocknen lassen.

Mithilfe des feinen Pinsels für Mund und Wimpern die dunkle Schokoglasur aufmalen.

Zuckeraugen mit der Backpinzette greifen und mit der Unterseite vorsichtig in die grüne Glasur tauchen. Dann mittig auf dem weißen Punkt setzen. So entsteht automatisch der grüne Glasurrand um die Augen.

waffeleis am stiel

material & zutaten

- Cakepops-Masse (Grundrezepte Seiten 52–55)
- Cakepops-Förmchen: Cone (Abbildung Seite 63)
- Glasurlinsen in Hellweiß, Hellblau, Rosa, Limettengrün, Butterscotch (Eiswaffel) und Milchschokoladenglasur (Waffelstruktur)
- Aromen für die Glasurlinsen: Zitrone, Pistazien, Kokosnuss und Himbeere
- Zuckerdekor: Eistüten
- Schaschlik-Spieße und Lolli-Stiele
- feiner Pinsel
- Backpinzette
- Styroporplatte oder Dekohilfe

vorbereitung der mini-cakepops

Aus der Hälfte der vorbereiteten Cakepops-Masse mit den Händen kleine Kugeln mit einem Durchmesser von ca. 0,7 cm (8 g) formen.
Für ca. zehn Minuten ins Gefrierfach oder für ca. 40 Minuten in den Kühlschrank stellen.

vorbereitung der eiswaffeln

Aus der restlichen Cakepops-Masse kleine Bojen formen und in das Cakepops-Förmchen drücken. Verschließen und die überschüssige Masse entfernen.
Vorsichtig wieder öffnen und die „Waffel" entnehmen. Eventuell die Kontur noch etwas nacharbeiten.
Cakepops-Eistüten für ca. 15 Minuten ins Gefrierfach oder für ca. 60 Minuten in den Kühlschrank stellen.

dekoration der eiskugeln

Hellweiße, hellblaue, rosa und limettengrüne Glasurlinsen wie auf Seite 56 beschrieben pro Farbe separat schmelzen. Dann den geschmolzenen Linsen mit wenig Tropfen der Aromen die folgenden Geschmacksrichtungen geben: Hellweiß mit Kokosnuss-, Hellblau mit Zitronen-, Rosa mit Himbeer-, Limettengrün mit Pistazienaroma.

Fertig vorbereitete Mini-Cakepops-Kugeln aus dem Kühl- oder Gefrierschrank nehmen und wie in der Anleitung auf den Seiten 50 und 51 beschrieben auf einen Schaschlikspieß stecken und in die gewünschte Glasur tauchen. Zum Trocknen in eine Styroporplatte stecken.

Nachdem sie gut getrocknet sind, die Kugeln sehr vorsichtig und durch eine leichte Drehbewegung vom Stiel nehmen und auf einem Teller bereitlegen.

dekoration der eiswaffeln

Butterscotch- und Milchschokolade-Glasurlinsen wie auf Seite 56 beschrieben separat schmelzen.

Fertig vorbereitete Cakepops-Waffeln aus dem Kühl- oder Gefrierschrank nehmen und wie in der Anleitung auf den Seiten 50 und 51 beschrieben vorsichtig auf einen Stiel stecken. Bei den Eiswaffeln ist etwas Fingerspitzengefühl erforderlich.
Nun die Eiswaffeln in die Glasur tauchen. Solange die Glasur noch nicht ganz fest ist, die vorbereiteten hellblauen, hellgrünen und rosafarbenen Eiskugeln darauf platzieren und alles trocknen lassen.

Weiße Eiskugel in wenig weiße Glasur tauchen und auf den andern Kugeln platzieren. Zuckerdekor-Eistüte mit etwas weißer Glasur bepinseln und auf der weißen Kugel platzieren.

Auf die gut getrockneten Cakepops-Eiswaffeln eine Milchschokoglasur-Struktur mit einem feinen Pinsel aufmalen.

tipp: statt der butterscotch-glasurlinsen auch dafür milchschokolade verwenden. die eistüte wird dann etwas dunkler.

eis(kuchen)zeit

kuh'le cakepops

material & zutaten
- Cakepops-Masse (Grundrezepte Seiten 52–55)
- Glasurlinsen in Hellweiß, dunkler Schokolade, Rosa und Schwarz (für Mund und Nasenlöcher)
- Zuckeraugen: Eye Candy
- Tütenverschlüsse mit Drahtkern
- kleine Glöckchen (Bastelbedarf)
- Lolli-Stiele
- feiner Pinsel
- Backpinzette
- Styroporplatte oder Deko-Hilfe

vorbereitung
Anstelle der klassischen Kugel einen Kuh-kopf herstellen. Dazu aus der Cakepops-Masse zunächst eine eiförmige Kugel formen. Diese oben und unten etwas zusammendrücken sowie die Vorder- und Rückseite leicht flachdrücken. Aus diesem Cakepops-Block nun mit Zeigefinger und Daumen Ohren und Hörner herausformen.

Für die Schnauze aus der Cakepops-Masse eine kleine Kugel formen, mit einem Messer halbieren und eine Kugelhälfte auf der Vorderseite platzieren. Mit den Fingern beides vorsichtig verbinden.

Cakepops-Kuhköpfe für ca. 15 Minuten ins Gefrierfach oder für ca. 60 Minuten in den Kühlschrank stellen.

dekoration
Hellweiße Glasurlinsen wie auf Seite 56 beschrieben schmelzen.

Fertig vorbereitete Cakepops-Kuhköpfe aus dem Kühl- oder Gefrierschrank nehmen. Wie in der Anleitung auf den Seiten 50 und 51 beschrieben auf einen Stiel stecken, in die Glasur tauchen und trocknen lassen.

Rosafarbene Glasurlinsen wie auf Seite 56 beschrieben schmelzen.

Cakepop mit der Nase in die rosa Glasur tauchen. Erneut trocknen lassen.

Dunkle Schoko Glasurlinsen wie auf Seite 56 beschrieben schmelzen.

Zuckeraugen mit der Backpinzette greifen und mit der Unterseite vorsichtig in die dunkle Schokoglasur tauchen. Dann zwei Augen auf dem Cakepop platzieren. Dadurch entsteht automatisch der Glasurrand um die Augen.

Mit einem feinen Pinsel mit dunkler Schokoglasur rundum die Fellflecken aufmalen.

Schwarze Glasurlinsen wie auf Seite 56 beschrieben schmelzen.

Nasenlöcher und unterhalb der Nase einen großen Mund mit einem feinen Pinsel aufmalen.

Wenn alles getrocknet ist, die Glöckchen mit einem Verschluss oder Band am Stiel unterhalb des Cakepops anbringen.

tipp: die kühe sehen auch in braun oder schwarz mit weißen flecken hübsch aus.

pippilotta-cakepops

material
- rote Lakritzschnüre
- Cakepops-Kugeln (Grundrezepte Seiten 52–55)
- Cakepops-T-Shirts (Seite 60)
- Glasurlinsen in Pfirsich, Rot und Schwarz (Pippilotta) sowie in Gelb, Rot und Dunkelgrün (T-Shirt)
- Glasurlinsen-Aroma: Crème de Menthe
- Zuckeraugen: Eye Candy
- Zuckerperlen in Orange (4 mm)
- Lolli-Stiele
- feiner Pinsel
- Backpinzette
- Styroporplatte oder Deko-Hilfe

vorbereitung
Lakritzschnüre auflösen und auf ca. 15 cm Länge flechten – je nach Lust und Laune oder Größe des Cakepops. Die Enden mit einem Strangende der Zöpfe verknoten und wie auf der Abbildung formen. Beiseite legen und die Zöpfchen am besten einige Tage trocknen lassen. So behalten sie ihre Form.
Oder die Zöpfe sofort verwenden, allerdings hängen diese dann herunter.

dekoration der pippilotta-cakepops
Pfirsichfarbene Glasurlinsen wie auf Seite 56 beschrieben schmelzen. Nach Geschmack die Glasur noch mit einigen Tropfen Crème de Menthe aromatisieren.

Fertig vorbereitete Cakepops-Kugeln aus dem Kühl- oder Gefrierschrank nehmen und wie in der Anleitung auf den Seiten 50 und 51 beschrieben auf einen Stiel stecken und in die Glasur tauchen.

Sobald die Glasur nicht mehr allzu sehr tropft und fest zu werden beginnt, die vorbereiteten Zöpfe auf dem Cakepop platzieren.

Zuckeraugen und Zuckerperlen mit der Backpinzette greifen und mit der Unterseite vorsichtig in die Glasur tauchen. Dann auf den Cakepops als Augen und Nase platzieren.

Schwarze und rote Glasurlinsen wie auf Seite 56 beschrieben schmelzen. Mund und Sommersprossen mit einem feinen Pinsel aufbringen. Mit roten Glasurlinsen Pippilottas Ponyfransen aufmalen.

dekoration der t-shirt-cakepops
Gelbe und dunkelgrüne Glasurlinsen wie auf Seite 56 beschrieben schmelzen.

Die vorbereiteten Cakepops-T-Shirts wie auf Seite 60 beschrieben aus dem Kühl- oder Gefrierschrank nehmen. Zuerst den Lolli-Stiel in die gelbe Glasur tauchen, dann von unten in das T-Shirt schieben und kurz antrocknen lassen.

Beim T-Shirt sehr vorsichtig beim Eintauchen sein, da sie leicht brechen. Mit dunkelgrüner und roter Glasur die Taschen aufmalen.

tipp: für affenschaukeln die zopfenden oben in die lakritzschnur einklemmen.

herzklopfen-cakepops

material & zutaten

- Cakepops-Masse (Grundrezepte Seiten 52–55)
- Cakepops-Förmchen: Herz
- Glasurlinsen in Rosa
- Paint Metallic in Pink
- Bonbonherzchen
- Lolli-Stiele
- Backpinzette
- Styroporplatte oder Deko-Hilfe

vorbereitung

Cakepops-Masse zu einer flachen Kugel formen und in die Herzform drücken. Verschließen und die überschüssige Masse entfernen.
Vorsichtig wieder öffnen und das Herzchen entnehmen.

Eventuell die Kontur noch etwas nacharbeiten.

Herzchen ca. 15 Minuten ins Gefrierfach oder für ca. 60 Minuten in den Kühlschrank stellen.

dekoration

Rosafarbene Glasurlinsen wie auf Seite 56 beschrieben schmelzen.

Fertig vorbereitete Cakepops-Herzen aus dem Kühl- oder Gefrierschrank nehmen und wie in der Anleitung auf den Seiten 50 und 51 beschrieben auf einen Stiel stecken und in die Glasur tauchen.

Anschließend sofort etwas von der Paint-Metallic-Farbe oben auf das Herz tropfen. Durch Drehen und sehr sanftes Klopfen die Metallicfarbe in die feuchte Glasur fließen lassen.
Dabei entsteht eine Marmorierung der Oberfläche mit Metalliceffekt. Das Ergebnis lässt sich noch etwas mit einem Pinsel beeinflussen und die Metallicfarbe damit verteilen.

Kurz bevor die Glasur fest zu werden beginnt, das Herzbonbon mithilfe einer Backpinzette in der Mitte der Cakepops platzieren.

tipp: ein besonderes geschenk und gutes beispiel für liebe, die durch den magen geht.

minicakepops

material & zutaten

- Cakepops-Kugeln (Grundrezepte Seiten 52–55)
- Glasurlinsen in Hellweiß, Hellgelb, Rosa, Hellblau und Limettengrün
- Aromen für Glasurlinsen: Ananas, Banane, Limette, Erdbeere und Tutti-Frutti
- Schaschlikspieße
- Styroporplatte

vorbereitung der minicakepops

Aus der vorbereiteten Masse (Grundrezepte Seiten 52–55) mit den Händen Kugeln mit einem Durchmesser von ca. 1 cm (10 g) formen.

Für ca. zehn Minuten ins Gefrierfach oder für ca. 40 Minuten in den Kühlschrank stellen.

dekoration

Hellweiße, hellgelbe, rosa, hellblaue und limettengrüne Glasurlinsen wie auf Seite 56 beschrieben pro Farbe separat schmelzen.

Die geschmolzenen Glasurlinsen mit den folgenden Aromen versehen: Hellweiß mit Ananas-, Hellgelb mit Bananen-, Rosa mit Erdbeer-, Limettengrün mit Limetten- und Hellblau mit Tutti-Frutti-Aroma.

Fertig vorbereitete Minicakepops-Kugeln aus dem Kühl- oder Gefrierschrank nehmen und wie in der Anleitung auf den Seiten 50 und 51 beschrieben auf einen Schaschlikspieß stecken und in die gewünschte Glasur tauchen.

Zum Trocknen in eine Styroporplatte stecken und die Minicakepops in einem Glas oder in einer kleinen Vase servieren.

Ein Kuchenstrauß voller Genuss, der mit einem Happs vernascht ist.

tipp: glasurlinsen mit den unterschiedlichsten aromen verfeinern und für überraschend unerwartete geschmackserlebnisse sorgen.

dessert-cakepops

material

- Cakepops-Kugeln (Grundrezepte Seiten 52–55)
- Glasurlinsen in Rosa, Limettengrün und dunkler Schokolade
- ölhaltige Lebensmittelfarbe im 4-er Set
- Backoblaten: 4-farbig
- fertige Keks-Sticks mit Schokoglasur
- Lolli-Stiele
- Dekoblümchen aus Papier

vorbereitung

Rosa und limettengrüne Glasurlinsen wie auf Seite 56 beschrieben pro Farbe separat schmelzen.

Die Farben der Linsen können durch Zugabe von Lebensmittelfarbe intensiviert werden.

Schokolierte Keks-Stäbchen auf einen Teller legen. Etwas Glasur mit einem Teelöffel abnehmen und die Sticks in langen Zügen mit der Glasur beträufeln, sodass Glasurstreifen darauf entstehen. Trocknen lassen, am besten die Sticks kurz in den Kühlschrank stellen. Danach vorsichtig umdrehen und die Rückseite auf dieselbe Art verzieren.

Grüne und rosa Backoblaten bereitlegen.

dekoration

Fertig vorbereitete Cakepops-Kugeln aus dem Kühl- oder Gefrierschrank nehmen und wie in der Anleitung auf den Seiten 50 und 51 beschrieben auf einen Stiel stecken und in die rosa und limettengrüne Glasur tauchen.

Sobald die Glasur getrocknet ist, die Kugeln vorsichtig auf einen Teller legen und durch leichtes Drehen den Lolli-Stiel sehr vorsichtig entfernen.
Nun das Keks-Stäbchen in der jeweiligen Farbe in die vorbereitete Öffnung im Cakepop stecken und gut trocknen lassen.

Dunkle Schokoglasurlinsen wie auf Seite 56 beschrieben schmelzen.

Den mit dem Keks-Stäbchen verbundenen Cakepop mit Gefühl senkrecht zur Hälfte in die Schokoglasur tauchen. Etwas abtropfen lassen und auf die Backoblate setzen.

Eventuell den Cakepop solange gerade halten, bis die Glasur etwas angezogen hat und er von alleine stehen bleibt.

In die Papier-Dekoblümchen ein etwas größeres Loch in die Mitte stechen und vorsichtig auf den Keksstiel stecken.

tipp: die dessert-cakepops zur sicherheit mit einer gabel servieren. beim versuch, den cakepop vom stick zu essen, könnte dieser durch das gewicht brechen.

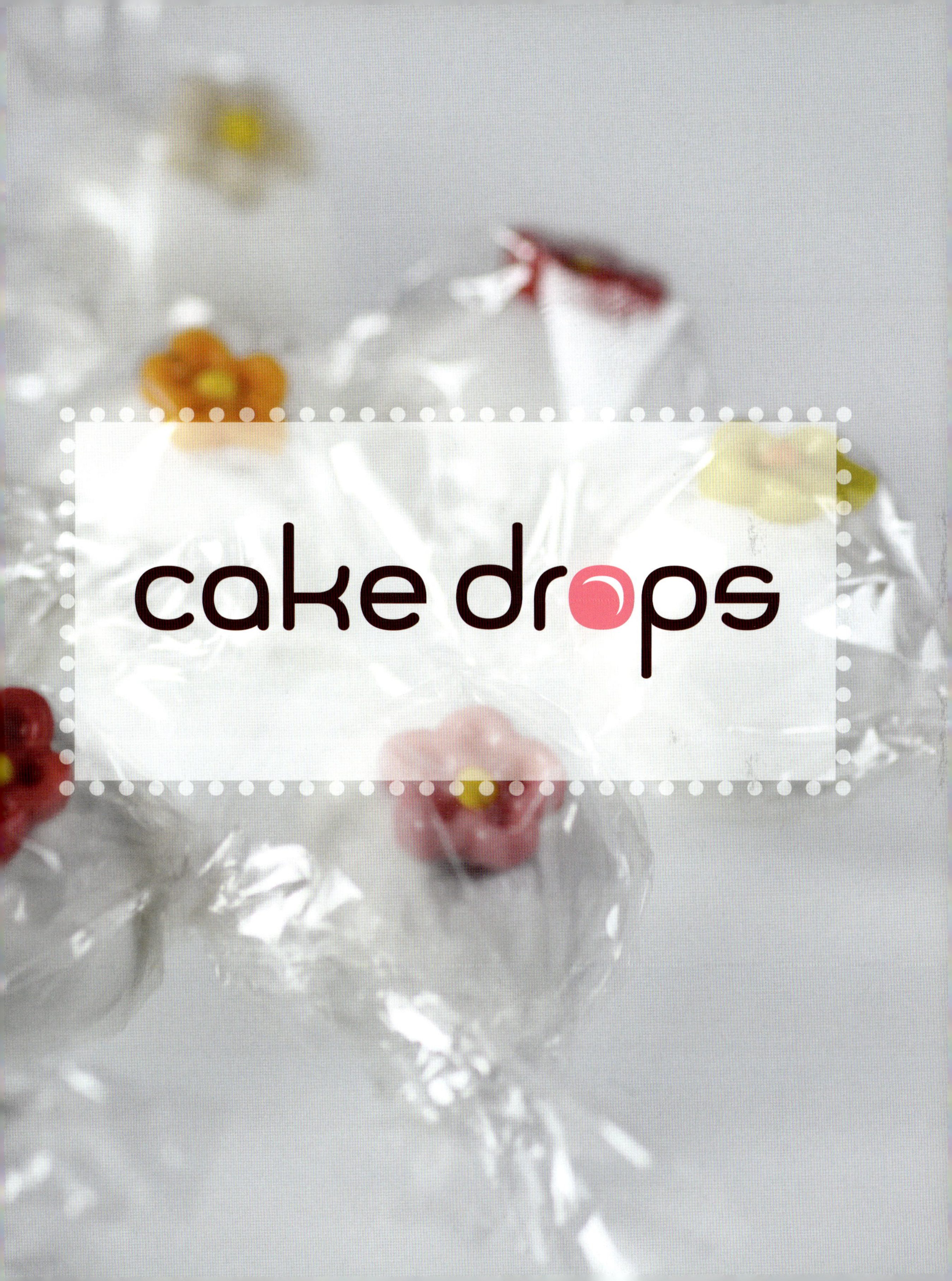
cake drops

herstellung

Cakedrops sind Kuchenbonbons. Die Mini-kugeln bieten eine unerwartete Geschmacks-explosion, sind überraschend klein, fein und einfach verführerisch.

Ihre Zubereitung erfolgt wie bei den Cake-pops (Grundrezepte auf den Seiten 52–55 und die Tricks und Tipps auf den Seiten 50 und 51). Hier wird aber die Kugel auf einen Durchmesser von ca. 2 cm und auf ein Gewicht von 10 g pro Kugel reduziert.

Unsere Alternative, die wir zum Frosting entwickelt haben, ist ein Highlight bei der Cakedrops-Verarbeitung. Denn die Kuchen-krümel werden mit Patisserie-Sirup gebun-den und kommen so ohne zusätzliches Fett aus. Sie werden dadurch länger haltbar und kalorienärmer.

Zum Glasieren werden die Cakedrops auf einen Schaschlikspieß gesteckt, der nach dem Trocknen der Glasur wieder entfernt wird.

Unter das Frosting oder zum Patisserie-Sirup können den Cakedrops auch Nüsse, Kokos-flocken, Crunchies, Trockenobst, Schoko-drops usw. beigemengt werden. Die Ent-deckung, was im Inneren der Kuchenbon-bons versteckt ist, wird beim Reinbeißen zur kleinen Sensation! Hier kann ganz nach Belieben kreativ variiert werden – erlaubt ist, was am besten schmeckt.

Natürlich verzichten die Kuchenbonbons auf einen Stiel, stattdessen werden sie in eine Bonbonfolie eingehüllt.

käsekuchen-cakedrops

material & zutaten
- Sandkuchen (Grundrezept
- Seite 52)
- Käsekuchenfrosting (Grundrezept Seite 54)
- Hellweiße Glasurlinsen
- Glasurlinsenaroma: Käsekuchen
- Schaschlikspieße
- Bonbonfolie
- Styroporplatte

Mit dem Glasieren wie bei den nachfolgen-den Rezepten verfahren. Die geschmol-zenen Glasurlinsen bei den Käsekuchen-Cakedrops mit dem Käsekuchenaroma verfeinern.

käsekuchen-cakedrops: bestimmt einer der kleinsten käsekuchen der welt.

feine kuchenrezepte

rezept für ca. 100 cakedrops

feiner mandelkuchen

100 g	Butter, auf Zimmertemperatur
20–40 g	Zucker
2	Eier
1 Pr	Salz
½ Pck	Vanillezucker
200 g	Weizenmehl, Type 405
2 TL	Backpulver
ca. 4 EL	Milch

Den Backofen auf 175 °C vorheizen.

Butter mit dem Zucker schaumig rühren, bis sich der Zucker aufgelöst hat und eine helle, schaumige Masse entsteht. Nacheinander Eier, Salz und Vanillezucker einrühren.

Das Mehl mit dem Backpulver vermischen und durchgesiebt unter die Teigmasse rühren. Nach Bedarf bis zu 4 EL Milch untermischen; der Teig sollte schwer vom Löffel fallen.

Eine Kasten- oder Kuchenform (ca. 30 cm lang bzw. mit 20 cm Durchmesser) einfetten oder mit Anti-Haft-Backspray einsprühen.

Teig einfüllen und im vorgeheizten Backofen auf der mittleren Schiene 30–35 Minuten backen. Stäbchenprobe machen: Bleibt an einem Holzstäbchen, das in den Kuchen gesteckt wurde, nichts mehr kleben, dann ist der Kuchen fertig.

feiner schokokuchen

4	Eier und 1 Pr Salz
100 g	dunkle Schokolade, mind. 70% Kakaogehalt, gekühlt
120 g	Butter, auf Zimmertemperatur
80 g	Zucker
1 Pck	Vanillezucker
120 g	Haselnüsse, gemahlen
30 g	Weizenmehl, Type 405
1 TL	Backpulver

Den Backofen auf 180 °C vorheizen.

Eier trennen und das Eiweiß mit einer Prise Salz steif schlagen. Schokolade fein reiben.

Eigelbe mit Butter, Zucker und Vanillezucker so lange rühren, bis eine schaumige, helle Masse entsteht. Die geriebene Schokolade untermischen.

Das Mehl mit dem Backpulver und durchgesiebt zu den Haselnüssen geben. Die trockenen Zutaten gut vermischen und abwechselnd mit dem Eischnee locker mithilfe eines Schneebesens unter die Eigelbmasse heben.

Eine Kasten- oder Kuchenform (ca. 30 cm lang bzw. mit 20 cm Durchmesser) einfetten.

Teig einfüllen und im vorgeheizten Backofen auf der mittleren Schiene 60 Minuten backen. Die Stäbchenprobe machen (siehe nebenstehender Mandelkuchen).

urlaubsfeeling

tropical-kokos-cakedrops

material & zutaten

- Orangenkuchen (Grundrezept Seite 52)
- 3–4 EL Patisserie-Sirup Kokosnuss
- hellweiße Glasurlinsen
- Glasurlinsenaroma: Tropical Punch oder Kokos
- Kokosflocken
- Schaschlikspieße
- Styroporplatte

dekoration

Hellweiße Glasurlinsen wie auf Seite 56 beschrieben schmelzen.

Die geschmolzenen Linsen mit einigen Tropfen Tropical-Punch- oder Kokosaroma verfeinern.

Fertig vorbereitete Cakedrops aus dem Kühl- oder Gefrierschrank nehmen und wie in der Anleitung auf den Seiten 50 und 51 beschrieben auf Schaschlikspieße stecken und in die gewünschte Glasur tauchen.

Sobald die Glasur nicht mehr allzu sehr tropft und auf der Kugel fest zu werden beginnt, die Cakedrops rundum mit Kokosflocken bestreuen.

Spieße zum Trocknen in eine Styroporplatte stecken.

Wenn diese gut durchgetrocknet sind, die Kugeln durch eine leichte Drehbewegung sehr vorsichtig vom Stiel nehmen und auf einem Teller bereitlegen.

Die Löcher der entzogenen Spieße mit Glaur verschließen.

Drops verpacken oder gleich servieren.

vorbereitung

Orangenkuchen mit Kokossirup anstelle von Frosting wie auf den Seiten 50 und 51 beschrieben zu einer klebrigen Masse verarbeiten. Dabei den Patisserie-Sirup nach und nach hinzufügen, bis die Konsistenz von Marzipan erreicht ist und sich die Kuchenmasse formen lässt.

Mit den Händen Kugeln mit einem Durchmesser von ca. 2 cm (10 g) formen. Cakedrops für ca. zehn Minuten ins Gefrierfach oder für ca. 40 Minuten in den Kühlschrank stellen

tipp: kokos lässt sich auch toll mit mandelaroma kombinieren,

kuchenkugel-kaugummis

material & zutaten

- Sandkuchen (Grundrezept Seite 52)
- Vanillefrosting (Grundrezept Seite 54), alternativ: Patisserie-Sirup Vanille
- Glasurlinsen in Gelb, Orange, Rot, Rosa, Dunkelblau und Dunkelgrün
- Glasurlinsenaroma: Bubble Gum
- Schaschlikspieße
- Bonbonfolie
- Styroporplatte

vorbereitung

Grundmasse aus Sandkuchen und Vanilletrosting (mit etwas Bubble-Gum-Aroma verfeinert) wie auf den Seiten 50 und 51 beschrieben herstellen.
Alternativ statt des Frostings den Vanillesirup verwenden.

Aus der vorbereiteten Masse mit den Händen Kugeln mit einem Durchmesser von ca. 2 cm (10 g) formen. Die Kugeln für etwa zehn Minuten ins Gefrierfach oder für ca. 40 Minuten in den Kühlschrank stellen.

dekoration

Glasurlinsen wie auf Seite 56 beschrieben pro Farbe separat schmelzen.

Die geschmolzenen Linsen mit Bubble-Gum-Aroma verfeinern.

Fertig vorbereitete Cakedrops aus dem Kühl- oder Gefrierschrank nehmen und wie in der Anleitung auf den Seiten 50 und 51 beschrieben auf Schaschlikspieße stecken und in die gewünschte Glasur tauchen. Die Spieße zum Trocknen in eine Styroporplatte stecken.

Nachdem die Cakedrops gut getrocknet sind, durch eine leichte Drehbewegung sehr vorsichtig vom Stiel nehmen und auf einem Teller bereitlegen.

Die Löcher der entzogenen Spieße mit Glaur verschließen.

Die Kaugummi-Kuchenkugeln in Bonbonfolie wickeln.

tipp: hübsch verpackte (kuchen)kaugummis sind ein witziges geschenk.

schokodrops mit variationen

material & zutaten

- feiner Mandelkuchen und feiner Schokokuchen (Rezept Seite 81)
- Patisserie-Sirup: Kaffee, Orange, Rum, Tiramisú, weiße Schokolade
- Glasurlinsen in Hellweiß, Milchschokolade, dunkler Schokolade und Peanut Butter
- Glasurlinsenaromen: Schokolade-Haselnuss-Aroma, Mandelaroma, Karamelaroma,
- Streudekor: Schokosternchen, Schokoherzchen,
- Zebra-Schokoröllchen, Schokoröllchen, Haselnusskrokant und Kokosflocken
- Schaschlikspieße
- Bonbonfolie
- Styroporplatte

vorbereitung

Die Grundmassen aus den Kuchenrezepten und den verschiedenen Siruparomen wie auf den Seiten 50 und 51 beschrieben herstellen. Sirup immer nur nach und nach hinzufügen, bis die Masse Marzipankonzistenz erreicht hat.

Dem Sirup nach Geschmack noch zusätzlich Crunchies und kleine gehackte Haselnüsse hinzufügen.

Aus der vorbereiteten Masse mit den Händen Kugeln mit einem Durchmesser von ca. 2 cm (10 g) formen. Die Cakedrops für etwa zehn Minuten ins Gefrierfach oder für ca. 40 Minuten in den Kühlschrank stellen

dekoration

Glasurlinsen wie auf Seite 56 beschrieben pro Farbe separat schmelzen. Die geschmolzenen Linsen mit dem gewünschten Aroma verfeinern,

Fertig vorbereitete Cakedrops aus dem Kühl- oder Gefrierschrank nehmen und wie in der Anleitung auf den Seiten 50 und 51 beschrieben auf Schaschlikspieße stecken und in die jeweilige Glasur tauchen.

Wenn die Glasur etwas angezogen hat, aber noch leicht feucht ist, die Drops nach Geschmack verzieren, dekorieren oder bestreuen.
Spieße zum Trocknen in eine Styroporplatte stecken.
Sobald die Cakedrops gut getrocknet sind, durch eine leichte Drehbewegung sehr vorsichtig vom Stiel nehmen und auf einem Teller bereitlegen.

Löcher mit Glasur verschließen.

tipp: ganz nach dem persönlichen geschmack und nach kreativität kombinieren und dekorieren. cakedrops in bonbonfolie einpacken oder sofort servieren.

kleine küken-kuchen-kugeln

material & zutaten

- Eierlikörkuchen (Grundrezept Seite 52)
- Eierlikörfrosting (Grundrezept Seite 55)
- gelbe Glasurlinsen
- Glasurlinsenroma: Egg Nog
- Marzipandekor: Küken
- essbares Gras in Grün
- Schaschlikspieße
- Bonbonfolie
- Styroporplatte

vorbereitung

Grundmasse aus Eierlikörkuchen und Eierlikörfrosting wie auf den Seiten 50 und 51 beschrieben herstellen.

Aus der vorbereiteten Masse mit den Händen Kugeln mit einem Durchmesser von ca. 2 cm (ungefähr 10 g) formen.
Die Kugeln für ca. zehn Minuten ins Gefrierfach oder für ca. 40 Minuten in den Kühlschrank stellen

dekoration

Glasurlinsen wie auf Seite 56 beschrieben schmelzen.

Die geschmolzenen Linsen mit Egg-Nog-Aroma verfeinern.

Fertig vorbereitete Cakedrops aus dem Kühl- oder Gefrierschrank nehmen und wie in der Anleitung auf den Seiten 50 und 51 beschrieben auf Schaschlikspieße stecken und in die gewünschte Glasur tauchen. Spieße zum Trocknen in eine Styroporplatte stecken.

Marzipan-Küken darauf anbringen, solange die Glasur noch nicht ganz trocken ist.

Wenn die Oberfläche der Drops gut getrocknet ist, die Kugeln durch eine leichte Drehbewegung sehr vorsichtig von den Spießen nehmen und auf einem Teller bereitlegen.

Löcher der entzogenen Spieße mit Glasur verschließen.

Die Kuchenbonbons in Folie wickeln und in ein Nest aus essbarem Gras setzen.

tipp: zu ostern sind diese hübsch verpackten bonbons eine tolle überraschung im osternest aus essbarem grünen gras.

marshmallow-cakedrops

material & zutaten

- feiner Schokokuchen (Grundrezept Seite 81)
- Patisserie-Sirup: Sahne
- Glasurlinsen in Türkis
- Glasurlinsenaroma: Marshmallow
- Mini-Marshmallows
- hellblaue Glitzerflakes
- Schaschlikspieße
- Bonbonfolie
- türkisfarbenes Geschenkband
- Styroporplatte

vorbereitung

Grundmasse aus dem feinen Schokokuchen und dem Sahnesirup wie auf den Seiten 50 und 51 beschrieben herstellen. Anstelle des Frostings den Patisserie-Sirup verwenden.

Sirup nach und nach hinzufügen, bis die Masse Marzipankonsistenz erreicht hat und leicht formbar ist.

Aus der vorbereiteten Masse mit den Händen Kugeln mit einem Durchmesser von ca. 2 cm (ungefähr 10 g) formen. Dabei jeweils ein Mini-Marshmallow in das Kugelinnere geben.
Drops für ca. zehn Minuten ins Gefrierfach oder für ca. 40 Minuten in den Kühlschrank stellen.

dekoration

Glasurlinsen wie auf Seite 56 beschrieben schmelzen.

Die geschmolzenen Linsen mit dem Marshmallow-Aroma verfeinern.

Fertig vorbereitete Cakedrops aus dem Kühl- oder Gefrierschrank nehmen und wie in der Anleitung auf den Seiten 50 und 51 beschrieben auf Schaschlikspieße stecken und in die Glasur tauchen.
Bevor die Glasur ganz fest wird, die Cakedrops mit Glitzerflakes bestreuen.

Die Spieße zum Trocknen in eine Styroporplatte stecken.

Sobald die Oberfläche der Drops gut getrocknet ist, die Minikugeln durch eine leichte Drehbewegung sehr vorsichtig vom Spieß nehmen und auf einem Teller bereitlegen. Löcher mit Glasur verschließen.

Kuchenbonbons in Folie wickeln und mit Bändern dekorieren.

kirsch-cakedrops

material & zutaten

- feiner Mandelkuchen (Grundrezept Seite 81)
- Patisserie-Sirup: Kirsche
- rote Glasurlinsen
- gebrannte Mandeln oder Haselnusskerne, karamellisiert
- Glasurlinsenaroma: Kirsch
- essbare Goldblättchen
- Patisseriegabel
- Bonbonfolie
- Styroporplatte

vorbereitung cakedrops

Grundmasse aus feinem Mandelkuchen und Kirschsirup wie auf den Seiten 50 und 51 beschrieben herstellen. Anstelle des Frostings den Sirup verwenden.
Patisserie-Sirup nach und nach hinzufügen, bis die Masse Marzipankonsistenz erreicht hat und gut formbar ist.

Aus der vorbereiteten Masse mit den Händen Kugeln mit einem Durchmesser von ca. 2 cm (10 g) formen. Dabei jeweis eine karamellisierte Haselnuss oder gebrannte Mandel im Kugelinneren verstecken.
Die Drops für ca. zehn Minuten ins Gefrierfach oder für ca. 40 Minuten in den Kühlschrank stellen.

dekoration

Glasurlinsen wie auf Seite 56 beschrieben schmelzen.

Die geschmolzenen Linsen mit dem Kirscharoma verfeinern.

Fertig vorbereitete Cakedrops aus dem Kühl- oder Gefrierschrank nehmen und wie in der Anleitung auf den Seiten 50 und 51 in die rote Glasur tauchen.

Durch die Haselnuss lassen sich Schaschlikspieße nicht verwenden. Mit einer Patisseriegabel lassen sich die Cakedrops ganz einfach in die Glasur tauchen.

Die kleinen Kuchenkugeln zum Trocknen auf ein Gitter über einem Teller legen.

Sobald die Glasur etwas angezogen hat, aber noch leicht feucht ist, die essbaren Goldblättchen aufstreuen.

Die Kirsch-Nuss-Bonbons in eine Folie wickeln.

red-velvet-cakedrops

material & zutaten
- Red-Velvet-Kuchen (Grundrezept Seite 52)
- Frischkäsefrosting (Grundrezept Seite 54)
- hellweiße Glasurlinsen
- Schaschlikspieße
- Bonbonfolie
- Styroporplatte

vorbereitung
Die Grundmasse aus Red-Velvet-Kuchen und Frischkäsefrosting wie auf den Seiten 50 und 51 beschrieben herstellen.

Aus der vorbereiteten Masse mit den Händen Kugeln mit einem Durchmesser von ca. 2 cm (ungefähr 10 g) formen.
Die Kugeln für ca. zehn Minuten ins Gefrierfach oder für etwa 40 Minuten in den Kühlschrank stellen.

dekoration
Glasurlinsen wie auf Seite 56 beschrieben schmelzen.

Fertig vorbereitete Cakedrops aus dem Kühl- oder Gefrierschrank nehmen und wie in der Anleitung auf den Seiten 50 und 51 beschrieben auf Schaschlikspieße stecken und in die hellweiße Glasur tauchen.

Spieße zum Trocknen in eine Styroporplatte stecken.

Sobald die Oberfläche der Cakedrops gut getrocknet ist, durch eine leichte Drehbewegung sehr vorsichtig vom Spieß nehmen und auf einem Teller bereitlegen.

Die Löcher mit Glasur verschließen.

Auf einer kleinen Kuchenplatte oder Etagere servieren.

tipp: dieser rote kuchen sorgt immer wieder für eine überraschung und ist absolut angesagt.

noch mehr cakepops von sandra müller

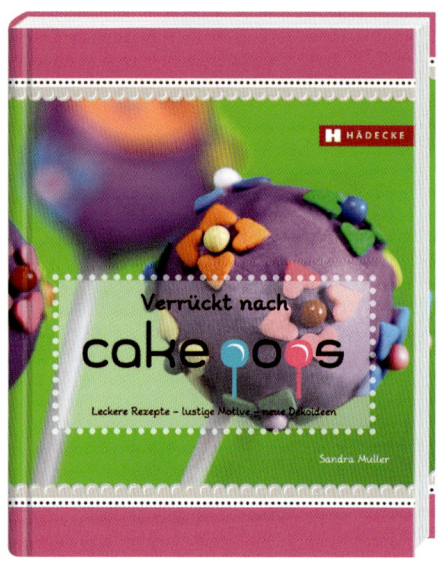

Jetzt wird gekugelt: Kein Fest, keine Party und kein Kindergeburtstag mehr ohne die witzigen, bunten, glitzernden, kugeligen Mini-Kuchen am Stiel!

Verrückt nach Cakepops
Leckere Rezepte – lustige Motive – neue Dekoideen

von Sandra Müller
96 Seiten, 125 Farbfotos
ISBN 978-3-7750-0626-2

Der süße Fingerfood-Trend lässt die Herzen von großen und kleinen Naschkatzen und kreativen Zuckerbäckern höher schlagen: In allen Farben, silbern oder golden glitzernd, lecker gefüllt und bunt verziert sind sie ein wahrer Augen- und Gaumenschmaus. Ob Flower-Power, Silvester-Glitzerschweinchen, Hochzeits- oder Asia-Cakepops, Oster-„Eier", Weihnachtsbäume oder Valentinsherzen, Blaue Haie, Engelchen oder Teufelchen – hier findet jeder seinen passenden Cakepop.

Die neu entwickelten Rezepte sind nicht so süß wie ihre englischen oder US-amerikanischen Vorbilder und dafür wunderbar unkompliziert. Verwendet werden Zutaten, die es auch bei uns problemlos zu kaufen gibt. Basisrezepte, Schritt-für-Schritt-Anleitungen und viele Tipps und Tricks aus der Praxis machen die Herstellung für groß und klein gut nachvollziehbar. Außerdem bietet die Website **www.cake-pops.de** immer wieder Aktuelles und Wissenswertes über neue Produkte, weitere Tricks und Rezeptideen.

 HÄDECKE

Weitere Informationen über Bücher für Genießer erhalten Sie kostenlos beim Walter Hädecke Verlag · Postfach 1203 · 71256 Weil der Stadt · Fax +49(0) 70 33 / 138 08 13 · E-Mail info@haedecke-verlag.de

Neue Rezeptideen und weitere Infos rund um unser Buchprogramm finden Sie außerdem unter www.haedecke-verlag.de, www.facebook.de/haedecke.verlag und www.mizzis-kuechenblock.de!